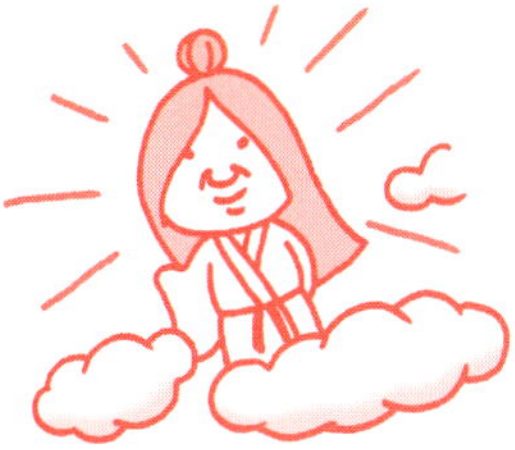

イラストでよくわかる

古事記の本

ミニマル + BLOCKBUSTER

彩図社

はじめに

初詣で神社を訪れた際などに、何気なく目にする日本の神々の名前——。イザナキ、イザナミ、アマテラスオオミカミ……詳しい人なら、スサノオノミコトやオオクニヌシノカミといった名前も知っているでしょう。

しかし、こうした神々がいつ、どこで、何をしたのか語れる人は少ないはずです。それを知るための手がかりとなるのが、現存する日本最古の歴史書といわれる『古事記《こじき》』です。

『古事記』は、今から１３００年以上前の奈良時代中期に、それまで聞き伝えられていた日本の成り立ちに関する神話や天皇家にまつわる史実を当時の学者であった太安万侶《おおのやすまろ》が編纂《へんさん》し、書き記したものと考えられています。

これだけ聞くと歴史好きの人以外は、「何だか堅苦しそう」と思うかもしれません。

しかし、『古事記』で語られる日本神話のエピソードは、実にハチャメチャながら、示唆に富んでいて、噛み砕いていくとどんどん引き込まれてしまうのです。

例えば、『古事記』の冒頭では、天地が２つに分かれてこの世界が始まると、その後に実に数多くの神々が出現します。ここにどのような意味があるのでしょう？

また、イザナキとイザナミが日本の国土を形作っていく、有名な「国生《くにう》み」の物語では、女性であるイザナミからイザナキにアプローチをすると目的は遂げられず、男性であるイザナキからアクションを起こすことで、物事が進んでいきます。このエピソードから現代人はどのようなメッセージを受け取るべきなのでしょう？

『古事記』には、計３０７柱の神々が登場し、実に多彩なエピソードが語られます。ドストエフスキーもびっくりの登場人物の多さです。そのなかには、童話としてよく知られるヤマタノオロチや因幡《いなば》の白兎の逸話も登場します。

本書は、上・中・下の全3巻からなる『古事記』のエッセンスのほんの一部を、イラストと一緒にわかりやすく紹介することを目的としています。壮大な『古事記』の世界への入口となる入門書と位置付けていただくといいでしょう。

では、神話の世界を通して、私たちが住む日本という国を改めて知る旅に出かけましょう！

『イラストでよくわかる　古事記の本』制作班　丸茂アンテナ（ミニマル）

イラストでよくわかる

古事記の本　もくじ

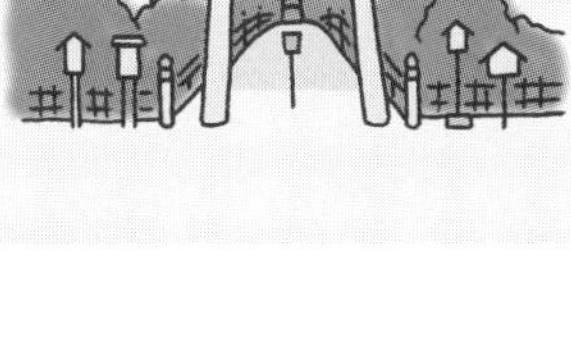

本文イラスト：後藤亮平（BLOCKBUSTER）

【第1章】

『古事記』とは何か？

現存する日本最古の歴史書といわれる『古事記』。いつ、だれが、何のために作り、そして何が書かれているのかを知っている人は少ないのかもしれません。『古事記』編纂の背景を知ると、内容をより深く味わうことができます。

『古事記』成立の由来

日本で最初の歴史書『古事記』。神話の時代から天皇の歴史までを描いた壮大な歴史物語は、どのような目的で編纂されたのでしょうか。

「正統な」歴史書が必要だった

正しい日本の歴史を記すのだ！
フムフム
ペラペラペラペラ
ペラペラペラペラ～

天武天皇：日本が立派な国になるために、正しい歴史を記すのだ！
稗田阿礼：よし、私が正しい歴史を暗誦《あんしょう》しましょう。
太安万侶：では、私がそれを書き記しましょう。

■なぜ古事記が作られた？

『古事記』編纂の目的は「序文」に記されています。第40代・天武《てんむ》天皇は、各氏族に残る伝承が都合よく改竄《かいざん》されていると聞き心配しました。そこで、日本の国の成り立ちや天皇の歴史、神話の真実を後世に正しく伝えるため、天皇が正しいと認定した『帝紀《ていき》』（天皇の系譜と歴史）と『旧辞《きゅうじ》』（神々の神話物語）を舎人《とねり》・稗田阿礼《ひえだのあれ》に読み覚えさせたのです。

681（天武10）年前後に発案されたと推定される編纂事業は、天武天皇の崩御後、第43代・元明《げんめい》天皇によって再開されます。稗田阿礼が読み覚えたものを太安万侶《おおのやすまろ》に書き取らせて完成した『古事記』が、712（和銅5）年に天皇に献上されました。

『古事記』成立時の歴史的背景

正統な日本の歴史書を編纂することとなった背景には、
天皇家の権威づけが必要とされる国内外の状況がありました。

「白村江《はくそんこう》の戦い」での敗北

663年、日本は百済《くだら》を救援するため唐・新羅《しらぎ》の連合軍と戦い、敗戦。大帝国・唐の脅威にさらされた天武天皇は、強固な中央集権体制を整備します。その際、新しい国家のアイデンティティを明確にするために歴史書が必要とされました。

国内の皇位継承争い

天武天皇は1ヶ月に及んだ「壬申《じんしん》の乱」で甥の大友皇子《おおとものおうじ》に勝利し、673年に即位します。この激しい皇位継承争いによって失墜した皇室の権威を立て直すため、天皇による統治を納得させるような権威づけが必要だったのです。

稗田阿礼と太安万侶は何者？

稗田阿礼は「ひと目見れば暗誦し、いちど聞けば暗記する」という突出した能力の持ち主だったといわれています。また、太安万侶は非常に有能な学者でした。

『日本書紀』との違い

日本の古代史を知る上で重要な資料となる『古事記』と『日本書紀』。同時代に編纂された2つの歴史書を比較してみましょう。

宮中で読まれたのは『日本書紀』

講師：『日本書紀』とは我が国の正史であり……。
役人1：ねえ、歴史書の『古事記』って知ってる？
役人2：なにそれ？ 知らな～い。

私的な『古事記』と公的な『日本書紀』

日本の歴史書である『日本書紀』は『古事記』とほぼ同時期に天武《てんむ》天皇の命により編纂が開始されました（720年に完成）。『古事記』とは相違点も多く、互いに補完しあう関係です。

両者の大きな違いは、『古事記』は私的で『日本書紀』は公的な性格を持っていたというところにあります。『日本書紀』は、多くの官人や知識人が関わった国家的な大プロジェクトでした。完成してからは役人の必読書となり、平安時代には宮中でしばしば『日本書紀』の講義が開かれています。一方で、『古事記』は人々に読まれた形跡がなく、日本の正史である「六国史《りっこくし》」にも含まれていません。

『古事記』と『日本書紀』の相違点

同時期にまとめられた『古事記』と『日本書紀』の違いは、
その成立の経緯と記された内容にも表れています。

編纂に関わった人々

『日本書紀』の編纂にあたったのは、川島皇子《かわしまのみこ》ら６人の皇親《こうしん》と中臣連《なかとみのむらじ》大島ら６人の官人をはじめとした多くの知識人たち。対して『古事記』の編纂は、天皇家の私的な職務を行う「舎人」に命じられました。完成までに関わったのは稗田阿礼と太安万侶の２人だけです。

神話の割合

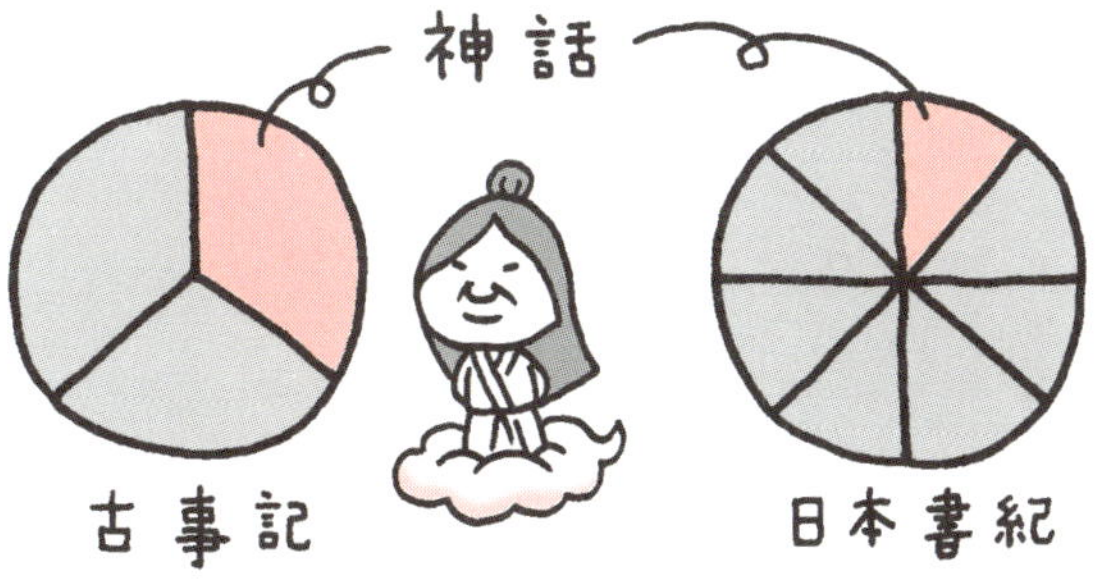

『古事記』は上・中・下の３巻からなり、そのうちの上巻、つまり全体の３分の１を神話が占めています。一方で『日本書紀』は全30巻からなり、神話が収められているのは１巻と２巻のみ。全体の８分の１しかありません。

記述方法の違い

『古事記』は日本語化した漢文で書かれ、『日本書紀』は中国式の漢文で書かれています。当時、中国式の漢文はいわゆる国際語で、公的な文章に用いられました。

『古事記』とは何か？③

『古事記』の神々

『古事記』を語る上で欠かせないのが神代（かみのよ）に登場する神々です。その描かれ方から、当時の人々の信仰のあり方の一端が見えてきます。

神の数え方は「1柱、2柱」

神1：神は大木に宿りがち。
神2：この形状が、なんだかちょうどいいんだよね～。

神と「柱」の結び付き

神を数える際には「1人、2人、3人」ではなく、「1柱《はしら》、2柱、3柱」といいます。神社の御神木《ごしんぼく》に見られるように、古来、自然物のなかでも特に大木は神が宿るものとされてきました。また、柱は地上から天に向かって垂直に立っていることから、神が降りてくるための通り道だと考えられていました。このように柱と神とが結び付けられ、「柱」で数えられるようになったとされています。

ちなみに、『古事記』には全部で307柱もの神々が登場します。しかし、そのほとんどは名前だけが記され、詳細は語られることがありません。物語のなかで活躍するのは、わずか30柱ほどです。

「天つ神」と「国つ神」に分かれる神々

『古事記』における神々は大きく2つのグループに分けられます。
なぜ、このような区別が生まれたのでしょうか。

『古事記』の主役は「天つ神」

『古事記』では、天上界の高天原《たかあまのはら》にいる「天《あま》つ神」と人間の住む葦原中国《あしはらのなかつくに》にいる「国《くに》つ神」が登場します。主役である天つ神の命により脇役の国つ神が国作りを行いますが、完成したところで天つ神に国を譲るというストーリー。国つ神は少し損な役回りだといえます。

天つ神の多くは無名の神だった

国つ神には、もともと民間神話に伝わる神々が取り入れられています。これに対し、天つ神は天皇家側が机上で作り出した性格が強く、多くは名の知られていない神々でした。ですから、実際に人気があったのは脇役の国つ神だったのです。

天つ神と国つ神が象徴するもの

『古事記』のストーリーは、中央集権（＝天つ神）が地方（＝国つ神）を平定していった歴史を表しているとされています。

『古事記』とは何か？④

『古事記』のあらすじ

「上巻」「中巻」「下巻」からなる『古事記』。神代（かみのよ）から人代（ひとのよ）にかけて語られる壮大な歴史物語のあらすじを追ってみましょう。

「上巻」のあらすじと特徴

大地を固め、国土を作る伊邪那岐神と伊邪那美神

この世が天地に分かれ、世界が始まるところから物語はスタートします。天上の高天原《たかあまのはら》というところに次々と神々が現れ、そのうちの伊邪那岐神《いざなきのかみ》と伊邪《いざ》那美神《なみのかみ》が交わったことで、さらに数多の国々と神々が誕生。しかし、あるとき、伊邪那美神の死によって国作りは頓挫《とんざ》してしまいます。

その後、伊邪那岐神の御子・天照大御神《あまてらすおおみかみ》が誕生すると、最高神として高天原を統治するようになります。一方、地上では大国主神《おおくにぬしのかみ》が国作りに着手。ようやく国を作ったところで、天照大御神の孫である天《てん》孫《そん》へとその統治権を譲り渡すことに。こうして、地上を平定するため高天原から天孫が降臨しました。地上に降り立った天孫は御子を生み、その系譜は天皇へとつながっていきます。

上巻の名場面ピックアップ

個性的な神々が物語を彩る「上巻」。
多くの人が一度は聞いたことのある有名なエピソードをいくつかご紹介します。

イザナキの黄泉国《よみのくに》訪問

(→ P28)

死んでしまった妻のイザナミを連れ戻そうと、黄泉国を訪れるイザナキ。しかし、そこで見たイザナミの姿は……。人の死生観が語られる重要な場面でもあります。

アマテラスの天石屋戸《あまのいわやと》隠れ

(→ P36)

スサノオの暴挙に嫌気がさした太陽神・アマテラスは、石屋《いわや》のなかに引きこもってしまいます。暗闇に包まれた世界で、困った神々はある作戦を立てることに。

スサノオの
ヤマタノオロチ退治

(→ P42)

あるとき、大蛇・ヤマタノオロチにおびえて暮らす家族と出会ったスサノオ。その家の娘を嫁にもらうと、ヤマタノオロチを退治するため、ある策略を考えます。

オオアナムヂと因幡《いなば》の白兎

(→ P46)

因幡の国へと向かう途中、オオアナムヂはとある岬で怪我をした白兎を発見します。そこで、オオアナムヂは高度な医療知識を披露し、白兎を救ったのでした。

「中巻」のあらすじと特徴

神武天皇は八咫烏《やたのからす》に導かれ東征を果たし、倭建命は東西の豪族を平定した

地上に降り立った天孫は妻を迎え、御子を生み、やがてひ孫の神倭伊波礼毘古命《かむやまといわれびこのみこと》（以下イワレビコ）が誕生。日向《ひむか》の地に暮らしていたイワレビコは、天下を治めるため東を目指して進軍します。この東征の物語からスタートするのが「中巻」です。日向から東の地・大和《やまと》へたどり着いたイワレビコは初代・神武《じんむ》天皇として即位します。ここから、各天皇の代に起きたとされる主な出来事が描かれます。なかでも、第12代の景行《けいこう》天皇の時代には倭《やまと》建命《たけるのみこと》が活躍を見せます。天皇の命を受けて九州の一大勢力を打ち滅ぼした後、東方の12の国を平定するための遠征に出発。行く先々で多くの国々を平定したのでした。その後は、第14代・仲哀《ちゅうあい》天皇の時代における神功皇后《じんぐうこうごう》の新羅《しらぎ》遠征や、実在が確実視される最古の天皇である第15代・応神《おうじん》天皇、第16代・仁徳《にんとく》天皇が即位するまでが語られます。

「下巻」のあらすじと特徴

「下巻」では第16代～第33代までの天皇の事績や系譜が記されている

第16代・仁徳天皇は、国の民が貧しい状況にあると知り「3年間、人々から租税を取らない」と宣言しました。3年後、人々が豊かになったことを確認すると、課税を再開。この措置を行った天皇を称え、人々は「聖帝」と呼んだのでした。次の履《り》中《ちゅう》天皇は、弟の墨江中王《すみのえのなかつみこ》の謀反《むほん》にあいますが、間一髪のところを近臣によって助け出されました。「下巻」では、こうした天皇家のお家騒動が第21代・雄略《ゆうりゃく》天皇の即位にいたるまで描かれます。ここでは省略しますが、ほかにも、各時代の皇位継承のいきさつなどが語られています。

第24代・仁賢《にんけん》天皇の即位までは、そのときあった出来事が語られますが、それ以降になると、系譜のみの記載になり、第33代・推古《すいこ》天皇までが記載されています。唯一、第26代・継体《けいたい》天皇のところに、磐井《いわい》の反乱に関する記述があるだけです。

こうして、『古事記』の全物語は幕を閉じます。

column

『古事記』の世界観

『古事記』に描かれる世界には主に3つの舞台があります。
その独特な世界観はどうなっているのか整理してみましょう。

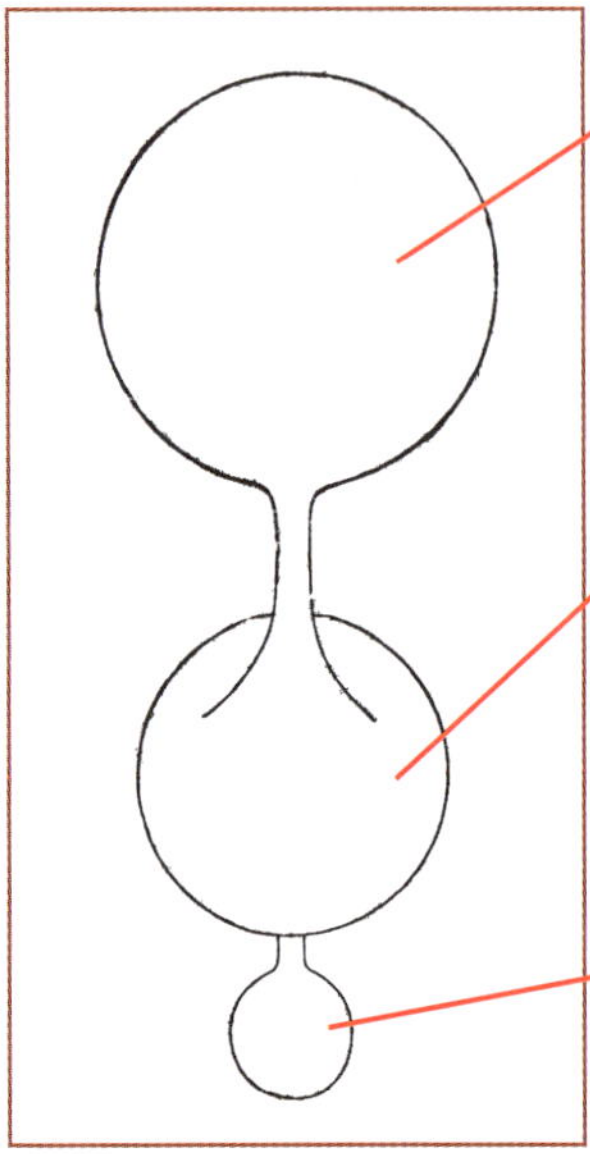

江戸時代の文献（『神代正語常磐草《かみよのまさごとときわぐさ》』）
に書かれた３つの世界の図

高天原《たかあまのはら》

神々が住む世界。天と地がはじめて現れたとき、天にある高天原に神々が誕生しました。

葦原中国《あしはらのなかつくに》

人間が住む地上の世界。神々は人間界を統治するために高天原から葦原中国に降り立ちました。

黄泉国《よみのくに》

死者の住む世界。『古事記』に登場する「根之堅洲国《ねのかたすくに》」、「常世国《とこよのくに》」もほぼ同じもので、人間界と水平関係に位置しています。

死者の世界・黄泉国は「山」にある？

神、人間、死者の住む世界と、『古事記』の世界は3つに分かれます。中国では「地下」にあると考えられる死者の世界ですが、『古事記』の黄泉国は、人間界のそばにある「山」のイメージ。古代日本で死体置き場とされていた山のイメージがそのまま落とし込まれています。

【第2章】

『古事記』の名場面を読み解く

——高天原編

『古事記』の物語は、天上にある神々が住まう世界「高天原」から始まります。世界が出来上がり、あの有名な神々の系譜につながる神様が誕生して、いくつもの名場面が生み出されました。

古事記の名場面を読み解く①

天《てん》地《ち》創《そう》成《せい》

『古事記』の冒頭では、この世がどのように形づくられ、最初にどのような神々が現れたのかが語られます。

あらすじ

『古事記』では、天地が2つに分かれて、この世界が始まります。天上世界の神々が住む高《たか》天《あまの》原《はら》にはじめに現れたのは、天《あめ》之《の》御《み》中《なか》主《ぬし》神《のかみ》（以下アメノミナカヌシ）。「天空の中心の主人」という意味の名前が示すとおり、この世の中心を定めた神です。

天地創成の話では、ここからたくさんの神が現れます。続いて登場するのは、高《たか》御《み》産《む》巣《す》日《ひ》神《のかみ》（以下タカミムスヒ）、神《かむ》産《む》巣《す》日《ひ》神《のかみ》（以下カムムスヒ）。このとき地上は、まだできたばかりで、水に浮いたクラゲのように漂っている状態でした。

その後、葦《あし》が芽を出すように宇《う》摩《ま》志《し》阿《あ》斯《し》訶《か》備《び》比《ひ》古《こ》遅《ち》神《のかみ》、次に天《あめ》之《の》常《とこ》立《たち》神《のかみ》が現れます。続いて、12柱の神々が出現。最後に現れたのが、有名な伊《い》邪《ざ》那《な》岐《き》神《のかみ》（以下イザナキ）・伊《い》邪《ざ》那《な》美《み》神《のかみ》（以下イザナミ）でした。

登場する主な神様

天之御中主神（アメノミナカヌシ）

最初に高天原に現れた神

高御産巣日神（タカミムスヒ）

2番目に高天原に現れた神

1分でわかる「天地創成」

イザナキ・イザナミ以前に現れた神々と世界の誕生を見てみましょう。

❶

天地が2つに分かれ、高天原にアメノミナカヌシが現れました。その後、タカミムスヒ、カムムスヒが現れます。

❷

地上はまだできたばかり。水に浮いたクラゲのように、ふわふわと漂っている状態です。

❸

次に、泥の中から葦が芽を出すように現れたのは宇摩志阿斯訶備比古遅神と天之常立神。ここまでに登場した神々を「別《こと》天神《あまつかみ》」とよびます。

❹

続けて国之常立神《くにのとこたちのかみ》、豊雲野神《とよくもののかみ》が現れ、その後は男神、女神のペアで10柱が次々と誕生。最後に、イザナキ・イザナミが現れました。

【神様の詳しい説明】
アメノミナカヌシ→ P84
タカミムスヒ→ P85

もっと知りたい「天地創成」

神話に描かれる世界のはじまり

『古事記』における「天と地とが2つに分かれて始まる」世界は、まず万物の根源としてのカオス（混沌）があり、神はあとから誕生するという構図です。

同じ多神教のギリシャ神話などにみられる世界創成の物語と同様に、神はカオスに形と構造を与える役割を担っています。

これに対して、ユダヤ教やキリスト教などの一神教における神話では、神は世界創成以前から存在し、何もないところに万物を創り上げる創造主として描かれます。

このように、世界各地で語られる神話と比較してみると、神が先に誕生するのか、世界が先に誕生するのか、といった天地創成神話の違いが見られます。

生命活動を表現する神々の名前

最初に高天原に現れたアメノミナカヌシ、タカミムスヒ、カムムスヒの3柱は男性と女性の区別のない独神《ひとりがみ》で、「造化三神《ぞうかのさんしん》」と呼ばれます。

興味深いのは、現れた神々の名前から、生命活動の発生を読み取ることができるということ。例えば、タカミムスヒとカムムスヒの2柱の名前には、どちらも「ムス」という字が含まれています。この「ムス」は、「育つ・生える」という意味を持ちます。

また、葦が芽を出すように現れた宇《う》摩《ま》志《し》阿《あ》斯《し》訶《か》備《び》比《ひ》古《こ》遅神《ぢのかみ》の「アシ」は葦、「カビ」は芽を意味し、どちらも生命活動を表していると考えられます。

天地創成では、生命活動の発生の様子が描かれているのです。

多神教と一神教における天地創成の違い

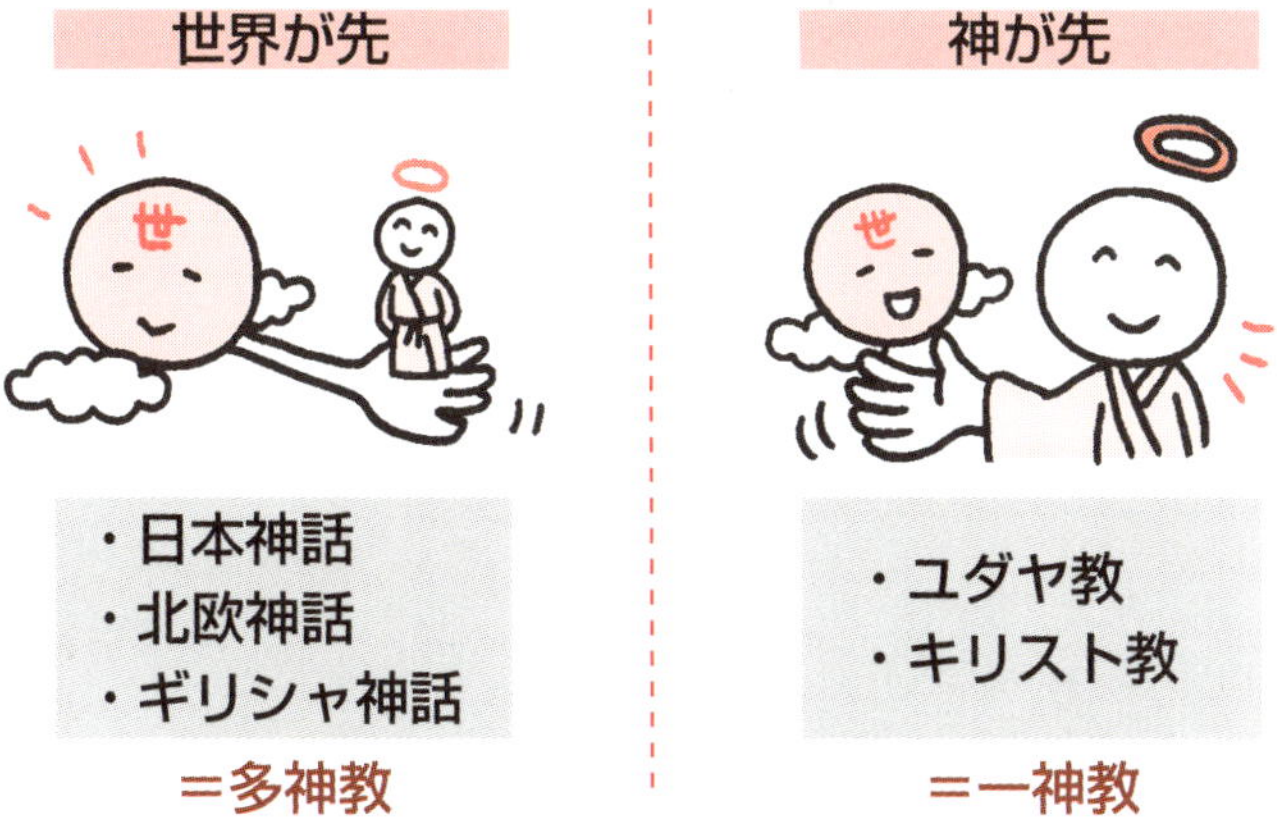

世界各地の神話で描かれる天地創成の物語。その大きな違いは、
「世界が先か、神が先か」という点です。日本の神々に万物の創造主の役割はありません。

■イザナキ・イザナミ以前の「独神」の神々

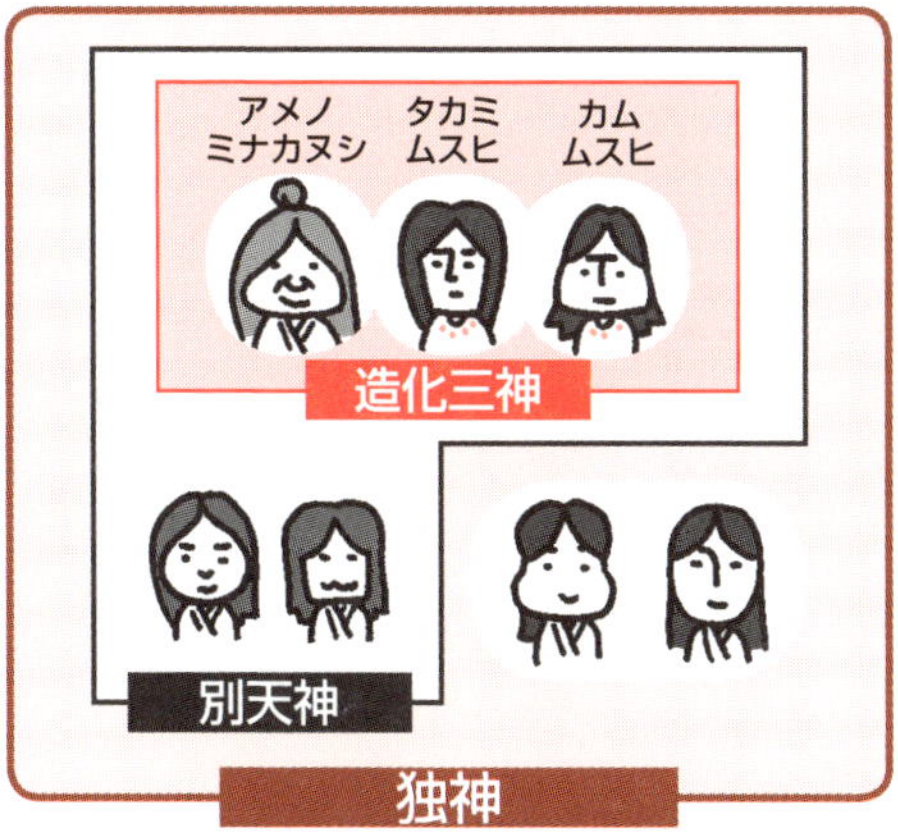

国《くに》生《う》み（→Ｐ24）をしたことで有名なイザナキ・イザナミは男神・女神のペア。それ以前に、男女の区別がなく、「生命」を司る独神の神々が誕生していました。イザナキ・イザナミの前にも４組の男女ペアの神が生まれています。

古事記の名場面を読み解く②

国《くに》生《う》みと神《かみ》生《う》み

天地創成の場面で最後に現れたイザナキとイザナミ。この2柱が日本で最初の国土を生み、地上に降り立って夫婦となります。

あらすじ

天地が始まり最初の神々が現れると、別天神《ことあまつかみ》5柱はイザナキとイザナミに「漂う大地を固め、国土をつくりなさい」と命じました。そこで2柱は、天浮橋《あめのうきはし》に立ち、神々から授かった天沼矛《あめのぬぼこ》をさしおろして、ふわふわと漂うばかりの地上をかき混ぜます。すると、最初の国土である淤能碁呂島《おのごろじま》が生まれたのです。

次にイザナキとイザナミは、淤能碁呂島に柱と御殿を建て夫婦の契りを結ぼうとします。その方法は、柱を互いに逆方向に回り、出会ったところで交わるというもの。最初の2回は失敗してしまいますが、高天原の神々からの助言を受けたことで8つの島と6つの小さな島を生むことに成功します。これに続き、2柱はあまたの神々を生みます。ところが、火の神・火之迦具土神《ひのかぐつちのかみ》（以下カグツチ）を生んだ際に、イザナミは大火傷を負って死んでしまうのです。

登場する主な神様

伊邪那岐神
（イザナキ）

イザナミとともに国生み・神生みに勤しむ

伊邪那美神
（イザナミ）

イザナキの妻。35柱もの神々を生む

1分でわかる「国生みと神生み」

国土ができあがり、日本で最初の夫婦が誕生。次々に島と神を生みます。

1

イザナキとイザナミが地上をかきまわし、矛を引き上げると、先端から滴り落ちたものが積もって最初の国土になりました。

2

島に降り立ち、夫婦の契りを結ぶイザナキとイザナミ。柱のまわりを歩き、出会い頭に声をかけ合います。

3

そして生まれた大きな8つの島々は、淡路島、四国、隠岐島、九州、壱岐島、対馬、佐渡島、本州でした。

4

その後も次々と神々を生んだ2柱でしたが、火の神の出産で負った火傷により、イザナミはこの世を去ってしまいます。

【神様の詳しい説明】
イザナキ→P86
イザナミ→P87

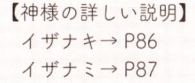

もっと知りたい「国生みと神生み」

夫婦の契りが失敗した原因は？

男女が柱の周囲を反対方向に進み、声をかけ合うという結婚の儀式。現在も中国南部やインドに残っているこの独特な風習は、古代日本でも行われていたと考えられています。

イザナキとイザナミはこの儀式で1回目と2回目に失敗していますが、その原因は女性であるイザナミが先に声をかけてしまったことにありました。こうして生まれた「水蛭子《ひるこ》」は葦《あし》の船で流されてしまい、次に生まれた「淡島《あわしま》」も正式な子として認められなかったのです。しかし、その後、イザナキから先に声をかけるようにしたところ、2柱は正しい国生みに成功。

ここには、男性が先に声をかけ、主導権をにぎるべきだという儒教《じゅきょう》の思想が反映されていると考えられています。

「火の神の誕生」と「イザナミの死」

火の神・カグツチを生んだことでイザナミが火傷を負い、死んでしまう場面では、火の起源が表現されていると考えられます。

人類は火を用いることで、調理をしたり、道具を生み出したり、明かりを手に入れることができるようになりました。

しかし同時に、火災により人の命が奪われたり、生み出された武器によって人々が傷つけ合う危険性をはらんでいたのです。この様子は、カグツチに憎悪の念を燃やしたイザナキが、カグツチの首を切り落とした際、その剣についた血などから刀剣の神が生まれたという場面にも表れています。

「火の神の誕生」と「イザナミの死」には、火がもたらす幸と不幸とが描かれているのです。

流された「水蛭子」は恵比寿様になった

「悪《あ》し」き子として流されてしまった水蛭子ですが、その後、摂津国の西宮《にしのみや》で漁師に拾われ、
「蛭児《えびす》大神」（七福神の恵比寿神）となったと伝えられています。

■火を手に入れた人類の幸と不幸

神生みでは、家屋、水、風、山などにまつわる神々が誕生しましたが、最後の火の神の誕生によって、イザナミの死と刀剣の神の誕生がもたらされます。

古事記の名場面を読み解く③

黄泉国《よみのくに》訪問

死者の国に行ってしまったイザナミを連れ戻すため、イザナキは黄泉国へと旅立ちます。古代からの死生観が語られる重要な場面です。

あらすじ

亡き妻・イザナミを忘れることができないイザナキは、妻を連れ戻すため、死者の国である黄泉国を訪れます。そこでイザナミは夫・イザナキにこう言います。「黄泉国のものを食べてしまったので、もう帰れないのです。でも、黄泉国の神に相談してくるから、その間は決してのぞかないでください」。しかし、待ちきれなくなったイザナキは、おぞましい姿へと変わり果てた妻を見てしまうのです。

その様子に恐怖し、一目散に逃げ出すイザナキ。怒ったイザナミはすかさず軍勢を遣い、追わせました。イザナキは剣を後手に振り回しながら、ようやく黄泉比良坂《よもつひらさか》まで来ると、追っ手に桃の実を投げつけ、逃げ帰ることに成功。

この仕打ちにイザナミは「1日に1000人を絞め殺してやりましょう」と言い、これにイザナキは「ならば、1日に1500棟の産屋《うぶや》を建てよう」と答えたのでした。

登場する主な神様

伊邪那岐神
（イザナキ）

堪え性がなく、妻を怒らせるはめに

伊邪那美神
（イザナミ）

黄泉国でも8柱の雷神を生んでいた

1分でわかる「黄泉国訪問」

愛する妻・イザナミを追って黄泉国を訪れたイザナキ。そこで見たものは……。

1

黄泉国を訪れ、妻を連れ帰ろうとするイザナキ。イザナミは夫とともに地上に帰るため、黄泉国の神様に相談を持ちかけます。

2

その間、絶対に様子を見てはいけないと言われていたにもかかわらず、のぞいてしまうイザナキ。そこには変わり果てた妻の姿が……。

3

姿を見られ、怒ったイザナミが遣わした軍勢から必死に逃げるイザナキ。魔除けの桃を追っ手に投げつけ、なんとか逃げ帰ります。

4

黄泉国へと続く道を大きな岩でふさいだイザナキ。最後に追ってきたイザナミと、別れの言葉を交わします。

【神様の詳しい説明】
イザナキ→P86
イザナミ→P87

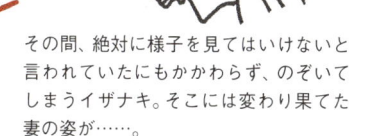

もっと知りたい「黄泉国訪問」

生と死・この世とあの世が語られる

最後の場面で、イザナミは「1日に1000人を絞め殺してやりましょう」と言い、イザナキは「ならば、1日に1500棟の産屋を建てよう」と答えました。

以降、毎日1000人が死に、1500人が生まれるようになったといいます。差し引くと、毎日500人ずつ増える計算です。ここでは、人間の生と死の起源が語られていると考えられます。

また、このときイザナキは1000人でやっと動かせるほどの巨大な岩を使って黄泉比良坂《よもつひらさか》を塞いでいます。それまでは、坂を通って死者の国・黄泉国と地上を行き来することが可能でしたが、これを機にそれができなくなりました。こうして、この世とあの世は隔《へだ》たれたのです。

天照大御神《あまてらすおおみかみ》、月読命《つくよみのみこと》、須佐之男命《すさのおのみこと》の誕生

地上に戻ったイザナキは、黄泉国の穢《けが》れを清めるため、川に入り「禊《みそぎ》」を行いました。禊は罪や穢れを負った場合に、水や塩で清める行為のことで、神道《しんとう》の思想に通じる行為です。

イザナキが禊を行うと、そこから多くの神々が誕生しました。よく知られる天照大御神（以下アマテラス）、月読命（以下ツクヨミ）、須佐之男命（以下スサノオ）もこのときに生まれています。そして、アマテラスは「高天原」を、ツクヨミは「夜之食国《よるのおすくに》」を、スサノオは「海原《うなばら》」を、それぞれ治めることになります。

アマテラスが日本の最高神とされるのは、神々の国・高天原の統治者、ひいては葦原中国（人間の世界）の統治者であることを意味しているためです。

黄泉比良坂があるのは島根県!?

黄泉国へと続く黄泉比良坂。その伝承地とされる場所が、
島根県の松江市東出雲町にあります。現在の「伊《い》賦《ふ》夜《や》坂《ざか》」という場所です。

■あの有名な神々は、禊から生まれた

イザナキが禊のために左の目を洗うとアマテラスが生まれ、右の目を洗うとツクヨミが、鼻を洗うとスサノオが生まれました。この3柱は「三貴子（みはしらのうずのみこ)」と呼ばれます。

古事記の名場面を読み解く④

スサノオの誓約《うけい》

イザナキの禊によって生まれた3柱の神々。このうち、姉神・アマテラスと弟神・スサノオの間に対立関係が生まれ、ひと騒動に。

あらすじ

地上に戻ったイザナキは、アマテラス、ツクヨミ、スサノオを生むと、アマテラスには高天原を、ツクヨミには夜《よる》之《の》食国《おすくに》を、スサノオには海原《うなばら》を治めさせることにしました。しかし、スサノオだけは「母（イザナミ）のいる国に行きたい！」と、統治を行わずに泣いてばかり。怒ったイザナキは、葦原中国《あしはらのなかつくに》からスサノオを追放します。追放されたスサノオは、姉神・アマテラスのいる高天原に挨拶に向かうのでした。

弟神が侵略に来たと警戒したアマテラスは、「身の潔白を証明せよ」と問い詰めます。そこでスサノオは「誓約《うけい》（神意占い）」をして3柱の女神を生みます。対して、アマテラスは5柱の男神を生むことに。「自らの心が清く正しいために女の子が生まれたのだ」と言い、自らの勝利を宣言したスサノオ。以降、田の畦《あぜ》を荒らしたり、アマテラスの御殿に糞をまき散らしたりと、やりたい放題に暴れまわったのです。

登場する主な神様

天照大御神
（アマテラス）

高天原を治める最高神で、太陽神

須佐之男命
（スサノオ）

荒くれ者だが、のちに英雄となる

1分でわかる「スサノオの誓約」

葦原中国から追放されたスサノオ。その後、ある誤解から姉神と対立関係になる。

1

自分が担当する海原を統治せずに、母を思っては泣いてばかりのスサノオ。怒ったイザナキに追放されてしまいます。

2

その後、姉神・アマテラスのところへ挨拶に行くも、弟神が高天原を攻めに来たと思い込まれ、警戒されてしまいます。

3

疑いを晴らすため、神意占いの「誓約」を行うスサノオ。3柱の優しげな女神を生むことで、身の潔白を証明します。

4

アマテラスの疑いをみごとに晴らしたスサノオは、高天原でやりたい放題に暴れまわるのでした。

【神様の詳しい説明】
アマテラス→ P88
スサノオ→ P90

もっと知りたい「スサノオの誓約」

アマテラスはなぜ警戒したのか？

葦原中国を追放されたスサノオが高天原に向かうと、すべての山川が鳴り響き、大地が揺れ動きました。まるで軍隊が攻めてきたかのような騒ぎに驚いたアマテラスは、男装し、武器を身につけてスサノオを迎えたのです。

8世紀初頭の、出雲地方の文化や歴史を記した書物『出雲国《いずものくに》風《ふ》土《ど》記《き》』では、出雲の強力な神としてスサノオが登場します。一方で、スサノオは「製鉄の神」とされる説があり、また、出雲には製鉄技術を持つ集団がありました。

このことから、古代において、出雲の集団が中央の政権を侵略したのではないかとする見方もあります。それは、この侵略の様子が、スサノオとアマテラスの対立として『古事記』に描かれたのではないかと考えられるからです。

「誓約《うけい》（神意占い）」の儀式とは？

姉神に挨拶をしようと高天原を訪れたスサノオに対し、なかなか疑いの心を解いてくれないアマテラス。そこでスサノオが提案したのが、神に誓いを立てて神意をうかがう儀式、「誓約（神意占い）」でした。

アマテラスがスサノオの剣を受け取り、噛み砕いて吹くと3柱の女神が誕生。次にスサノオがアマテラスの珠飾りを噛み砕いて吹くと、5柱の男神が生まれます。

ここでは、3柱の女神はスサノオの剣から生まれたためスサノオの子、5柱の男神はアマテラスの珠飾りから生まれたためアマテラスの子だとされています。このように、お互いの持ち物から生まれた子によって、神意が占われました。

スサノオとアマテラスの対立が象徴するもの

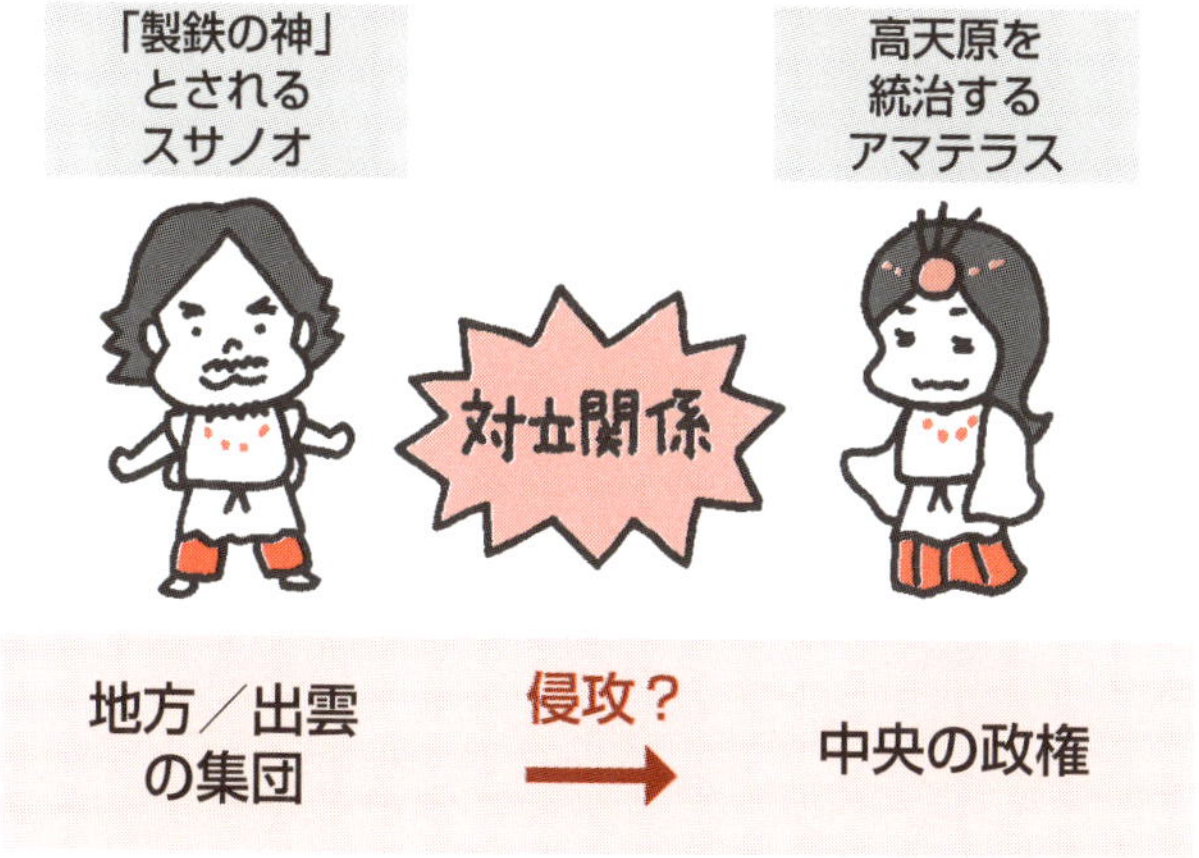

一説では「製鉄の神」とされるスサノオと、高天原を統治するアマテラスの対立。
古代の地方・出雲の集団と中央政権の対立を象徴していると推測されます。

■「誓約」により生まれた神々

スサノオの十拳剣《とつかのつるぎ》

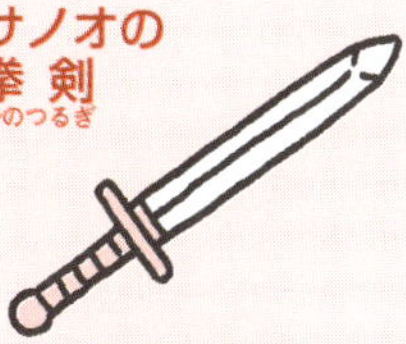

- 多岐都比売命《たきつひめのみこと》
- 市寸島比売命《いちきしまひめのみこと》
- 多紀理毘売命《たきりびめのみこと》

アマテラスの珠飾り

- 熊野久須毘命《くまのくすびのみこと》・活津日子根命《いくつひこねのみこと》
- 天津日子根命《あまつひこねのみこと》・天之菩卑能命《あめのほひのみこと》
- 正勝吾勝勝速日天之忍穂耳命《まさかつあかつかちはやひあめのおしほみみのみこと》

「誓約」では女神3柱、男神5柱の計8柱の神々が誕生しました。このうち、アマテラスの珠飾りから生まれた正勝吾勝勝速日天之忍穂耳命（以下オシホミミ）は「天孫《てんそん》降臨」（→ P62）にも登場する重要な神です。

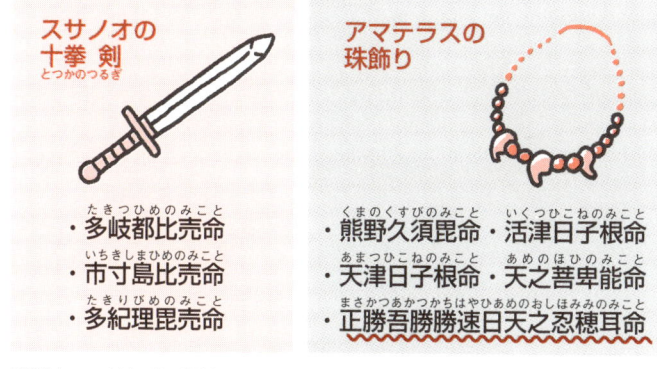

古事記の名場面を読み解く⑤

天石屋戸隠れ《あまのいわやと》

スサノオの暴挙を嘆いたアマテラスが洞窟に隠れてしまったことで、世界は闇の中に。神々はどのように光を取り戻したのでしょう?

あらすじ

高天原で暴れまわるスサノオは、ついに、神聖な機織《はたお》り小屋に皮をはいだ馬を投げ入れるという暴挙に出ます。これに嘆き、とうとう嫌になったアマテラスは、石屋《いわや》（洞窟）の戸を開き、その中に閉じこもってしまいました。

太陽神であるアマテラスが隠れ、闇に包まれた高天原と葦原中国。困った八百万《やおよろず》の神々は話し合いの末、アマテラスをおびき出すための盛大な祭りを催すことにしました。

まず、天宇受売命《あめのうずめのみこと》（以下アメノウズメ）が石屋の前で踊ります。あまりの激しさに衣装がはだけ、胸や下半身があらわに。神々は高天原が揺れるほどに笑い声を上げました。

すると、騒がしさを不思議に思ったアマテラスは、石屋の戸を少し開いて外の様子をうかがおうとします。これをきっかけに、戸のわきに隠れていた天手力男神《あめのたぢからおのかみ》（以下アメノタヂカラオ）がアマテラスを外に引っ張り出したのです。

登場する主な神様

天宇受売命
（アメノウズメ）

巫女のルーツといわれる。芸能の神

天手力男神
（アメノタヂカラオ）

力自慢な男神。岩も持ち上げられる

1分でわかる「天石屋戸隠れ」

石屋に引きこもるアマテラス。神々は、祭り作戦でおびき出そうとします。

❶

アマテラスがいる神聖な機織り小屋。その屋根に穴を開け、なんと、そこから皮をはいだ馬を投げ入れるスサノオ。

❷

スサノオの暴挙に嫌気がさしたアマテラスは、石屋の戸を開けて、その中に引きこもってしまいます。

❸

世界は闇に包まれ、あらゆる禍《わざわ》いが起こる事態に。そこで神々はアマテラスを石屋からおびき出すため、ある作戦を実行に移します。

❹

石屋の前で激しく踊るアメノウズメに、神々は大笑い。この騒ぎで、アマテラスをおびき出すことに成功したのでした。

【神様の詳しい説明】
アメノウズメ→P97
アメノタヂカラオ→P98

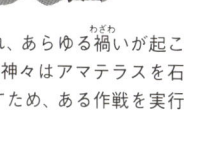

もっと知りたい「天石屋戸隠れ」

入念に祭りの準備を行う神々

そもそも祭りのアイデアを提案したのは、八百万の神々の中でも、もっとも頭がいいとされる思金命《おもいかねのみこと》（以下オモイカネ）でした。

オモイカネはまず、鏡の神・伊斯許理度売命《いしこりどめのみこと》（以下イシコリドメ）に八咫鏡《やたのかがみ》を作らせます。次に、宝飾品の神・玉祖命《たまのやのみこと》（以下タマノヤ）に勾玉を連ねた玉緒を作らせました。それから、布《ふと》刀玉命《だまのみこと》（以下フトダマ）と天児屋命《あめのこやねのみこと》（以下アメノコヤネ）に占いをさせます。

サカキの木の枝に玉緒、八咫鏡、布をかけた神具を作らせると、フトダマにこれを持たせ、アメノコヤネに祝詞《のりと》をあげさせました。最後に、アメノタヂカラオが石屋の戸のそばにスタンバイして準備は完了。アメノウズメが舞を踊ったのでした。

生まれ変わったアマテラス

アマテラスによる天石屋戸隠れは、ある種の通過儀礼（イニシエーション）であったと考えることもできます。

世界の神話においても、異郷に行き、生死の危機を乗り越えて戻ってくることで英雄となる物語が存在します。つまり、石屋は異郷であり、そこで一度死んだアマテラスが、神々の祭祀《さいし》によって元の世界に戻り、再生を果たすという構図が見えてくるのです。

それまでは、スサノオの横暴に対して何もすることができなかったアマテラスでしたが、この通過儀礼を経てからは高天原での確固たる地位を築くことになります。その一方でスサノオは、財産を没収され、ひげと手足の爪を切られて高天原から追放されてしまうのでした。

祭りに参加した神々

神々が役割分担をし、祭りの準備を行いました。ちなみに、このときイシコリドメが作った八咫鏡とタマノヤが作った玉緒が、のちの「三種の神器」のうちの2つとされています。

■「天石屋戸隠れ」と日蝕神話との関連

月が太陽と地球の間に来ることで太陽が隠されてしまい、日中でもあたりが暗くなる天文現象を日蝕《にっしょく》といいます。カンボジアやラオスなど、世界でもこの現象が神話の中で描かれており、こうした物語が古代日本にも伝わったと考えられています。

column

『古事記』と古代日本

日本の成り立ちを伝える重要な資料である『古事記』には、「富士山」と「邪馬台国」が登場しません。その理由を知ると古代日本の姿が見えてきます。

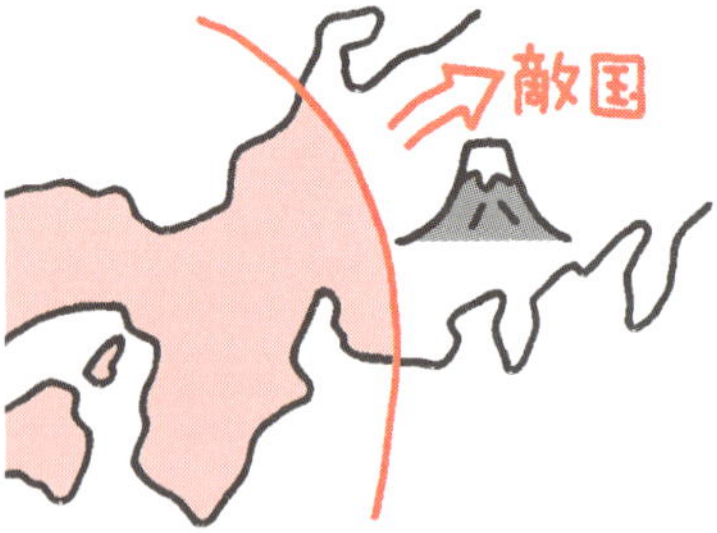

登場しないもの① 富士山

『古事記』成立当時、朝廷の支配が及んでいたのは近畿を中心とした西日本。敵対する東国の聖山を記紀神話に取り入れるわけにはいかなかったのです。

登場しないもの② 邪《や》馬《ま》台《たい》国《こく》

邪馬台国が大和政権と接点がなかったか、あるいは「富士山」と同じように、朝廷の支配を及ぼすうえで邪魔な存在であったことが考えられます。

卑弥呼はこっそり登場している？

「邪馬台国」や「卑《ひ》弥《み》呼《こ》」が登場しないのには、別の可能性も考えられます。なかには「卑弥呼は太陽神アマテラスではないか」という説も。なぜなら、卑弥呼が亡くなる前後に北九州で2年続けて皆既日蝕が起きているためです。真相は、今後の研究で明らかになるかもしれません。

【第3章】

『古事記』の名場面を読み解く

——地上編

『古事記』の物語は、暴挙を繰り返したスサノオを高天原から追放したことで、その舞台を高天原から地上の葦原中国へ移します。新たに登場する地上の神々や、その先に連なる古代天皇の物語を見ていきましょう。

古事記の名場面を読み解く⑥

ヤマタノオロチ退治

死んだ母神に会いたいと言って父神を怒らせ、乱暴を働いては姉神を困らせたスサノオでしたが、出雲国に降り立つと成長を見せます。

あらすじ

高天原を追放され、出雲国の肥河《ひのかわ》という川の上流に降り立ったスサノオは、川上から箸が流れてくるのを見つけます。「誰かいるのだろうか」と思い川上に向かうと、若い娘（櫛名田比売《くしなだひめ》、以下クシナダヒメ）のそばで泣く老夫婦がいました。夫婦には8人の娘がいましたが、1つの体に8つの頭と8つの尾を持つ巨大な八俣大蛇《やまたのおろち》（以下ヤマタノオロチ）によって7人は食べられてしまったと言うのです。

そこで「残った娘を私にくれませんか。私はアマテラスの弟です」と言うと、夫婦は承諾。スサノオは、娘を櫛《くし》の姿に変えて自分の髪にさすと、夫婦に8つの入口のある垣根をつくらせ、その入口ごとに濃い酒を満たした壺を用意させました。すると、ヤマタノオロチがやってきて、8つの壺に頭を入れて酒を飲み、泥酔。その隙に、スサノオがヤマタノオロチを斬り刻み、見事に退治したのです。

登場する主な神様

須佐之男命
（スサノオ）

クシナダヒメを妻に迎え、大蛇を退治

櫛名田比売
（クシナダヒメ）

稲の神で、のちのオオクニヌシの直系

1分でわかる「ヤマタノオロチ退治」

クシナダヒメを守るため、スサノオがヤマタノオロチ退治に大活躍。

❶

高天原を追放され、出雲国に降り立ったスサノオ。川の上流で、ある娘と、泣き崩れる老夫婦に出会います。

❷

涙の原因は、8つの頭と8つの尾をもつ大蛇ヤマタノオロチ。娘のクシナダヒメが食べられてしまうというのです。

❸

クシナダヒメを妻にしたスサノオは、妻を櫛に変えて身につけると、老夫婦に8つの濃い酒を用意するように指示。

❹

まんまと酒を飲んで泥酔してしまったヤマタノオロチ。スサノオは、持っていた十拳剣《とつかのつるぎ》で斬り殺したのでした。

【神様の詳しい説明】
スサノオ→ P90
クシナダヒメ→ P96

もっと知りたい「ヤマタノオロチ退治」

ヤマタノオロチが意味するもの

「オロチ」という言葉は「オ（峰）・ロ（〜の）・チ（霊）」で、山の神を意味しています。また、山の神は水の神でもありました。水すなわち河川は山から流れてくるものだからです。ヤマタノオロチは山の神であり、水の神であるといえるのです。

つまり、荒れ狂うヤマタノオロチは、この物語に登場する「肥河」という川が氾濫する様子を表していると考えてもいいでしょう。

また、クシナダヒメについては「クシ（奇）・イナダ（稲田）・ヒメ（姫）」で、稲の神を意味しています。これらのことから、出雲では稲の神としての巫女が水の神をまつる祭祀が行われていて、クシナダヒメとヤマタノオロチの関係性に反映されていると考えられます。

ヤマタノオロチの尾から剣が誕生？

スサノオがヤマタノオロチの尾を斬ったとき、わずかに十拳剣の刃が欠けました。不思議に思ったスサノオが、その尾を切り裂いてみると、なんと中から出てきたのは立派な刀。八咫《やたの》鏡《かがみ》や玉緒と同様に、のちの「三種の神器」の1つとされる草那芸剣《くさなぎのつるぎ》です。スサノオは、この刀をアマテラスに献上したのでした。

このエピソードから、出雲の製鉄の技術者たちがヤマタノオロチを「鉄の神」としてまつっていたという解釈をすることもできます。

当時、「肥河」の一帯は鉄の産出地域で、川の氾濫時には大量の砂鉄が流れ出たと考えられます。その光景は、ヤマタノオロチを斬り刻んだ際に流れ出た血のようだったのではないでしょうか。

図解！　これがヤマタノオロチ!?

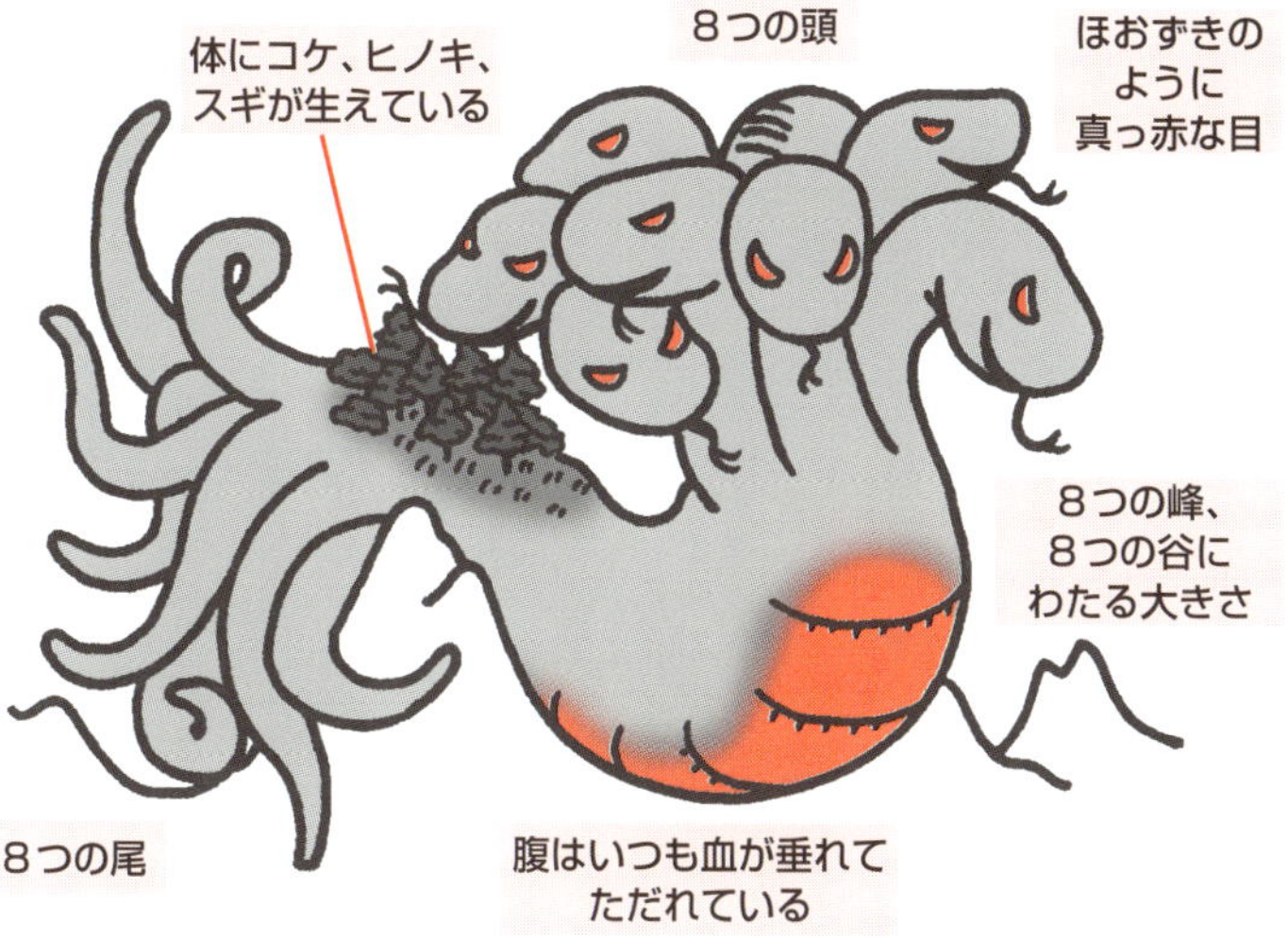

■日本最古の和歌はスサノオ作

八雲立つ　出雲八重垣《やえがき》
妻籠《ご》みに　八重垣作る
その八重垣を
スサノオ

ヤマタノオロチを退治したスサノオは、クシナダヒメと暮らすための御殿を建てます。このとき詠んだ「八雲《やくも》立つ――」の歌が、日本最古の和歌であるといわれています。また、2柱は子をもうけ、その後も神々の系譜が続いていくのでした。

古事記の名場面を読み解く⑦

因幡《いなば》の白兎

スサノオとクシナダヒメから生まれた神々の6代目にあたるオオアナムヂ。のちのオオクニヌシである彼の知恵と優しさが描かれる場面です。

あらすじ

大穴牟遅神《おおあなむちのかみ》（以下オオアナムヂ、のちの大国主神《おおくにぬしのかみ》）には、八十神《やそがみ》と呼ばれるたくさんの兄神がいました。あるとき、美人で知られる八上比売《やがみひめ》（以下ヤガミヒメ）に求婚するという八十神に連れられ、オオアナムヂは因幡の国へ出かけます。

旅の道中にある気多岬《けたのみさき》で、皮をはがされたウサギが倒れていました。通りがかった八十神は「海水を浴び、風に吹かれて寝るといい」と助言。ウサギがその通りにすると、皮膚はさらに痛くなり、泣き伏してしまいます。そこに、最後にやって来たオオアナムヂ。ウサギを見て、どうしたのかとたずねると、ウサギは事のいきさつを説明。オオアナムヂは「すぐに河口に行って真水で体を洗い、ガマの穂を敷いた上で体を転がせばよくなるだろう」と伝えました。その通りにしたウサギは、すっかり回復。「あなたこそ、ヤガミヒメと結婚できるでしょう」とオオアナムヂに感謝しました。

登場する主な神様

大穴牟遅神
（オオアナムチ）

因幡の国へは荷物持ちとして同行

白兎
（シロウサギ）

ウサギ神。原文での表記は「素兎」

1分でわかる「因幡の白兎」

怪我を負ったウサギに手を差し伸べる、心優しいオオアナムヂが描かれます。

1

美人で知られるヤガミヒメに求婚するため旅に出た八十神。その道中の岬で、皮をはがされたウサギを発見します。

2

八十神は「海水を浴び、風に吹かれて寝るといい」とウサギに助言。言われた通りにしたウサギはさらに痛い目に。

3

そこを通りすがった八十神の弟神・オオアナムヂ。河口の真水で体を洗い、ガマの穂の上で体を転がすようにウサギに言います。

4

ウサギがその通りにすると、体は元の姿に回復。「あなたこそ、ヤガミヒメと結婚できるでしょう」と予言しました。

【神様の詳しい説明】
オオアナムヂ（オオクニヌシ）
→ P94

もっと知りたい「因幡の白兎」

皮をはがされてしまった理由

そもそも、なぜウサギは皮をはがされ、岬に倒れていたのでしょうか。それについては、ウサギ自身がオオアナムヂに説明をしています。

隠岐島《おきのしま》にいたウサギは、海を渡ってこの国に来るためにワニ（ここでは巨大な水棲生物のことを指す）を利用する方法を思いつきました。それは「ウサギ族とワニ族を比べ、どちらが多いか数えよう」と言ってワニを1列に並べさせ、その背中を数えながらこちらの国まで渡って来るというもの。

しかし、ウサギはようやく渡りきったとき、ワニを欺いていたことをうっかり言ってしまいます。ワニは怒り、ウサギをつかまえて皮をはいでしまいました。悪知恵を働かせたウサギが、その報いを受けたのです。

八十神に悪意はなかった!?

オオアナムヂの助言により、無事に回復したウサギ。それもそのはず、ガマの穂は止血作用があるのです。ここでは、オオアナムヂの医療知識の豊かさが描かれているといえます。対して、八十神は海水を浴びせたことでウサギの症状を悪化させてしまいます。

しかし、塩で消毒し傷を治すこと自体は、医療法としてはありえることでした。ですから、八十神は意地悪でウサギに助言をしたのではなく、単に医療知識が不十分だったと捉えることができるのです。

古代における医療は魔術的で偉大な力と考えられていました。つまり、八十神よりも弟のオオアナムヂの方が、優れた知識を持った偉大な人物であるということが示されているのです。

ワニをだまして海を渡ったウサギ

「ワニ」は原文では「和邇」。その正体は不確かで、サメなどの水棲生物だと考えられます。小動物が巨大生物を欺き海や川を渡るという物語は、東南アジア近辺やニュージーランドにもみられます。

■助けるとご利益を授かれる「まれびと」

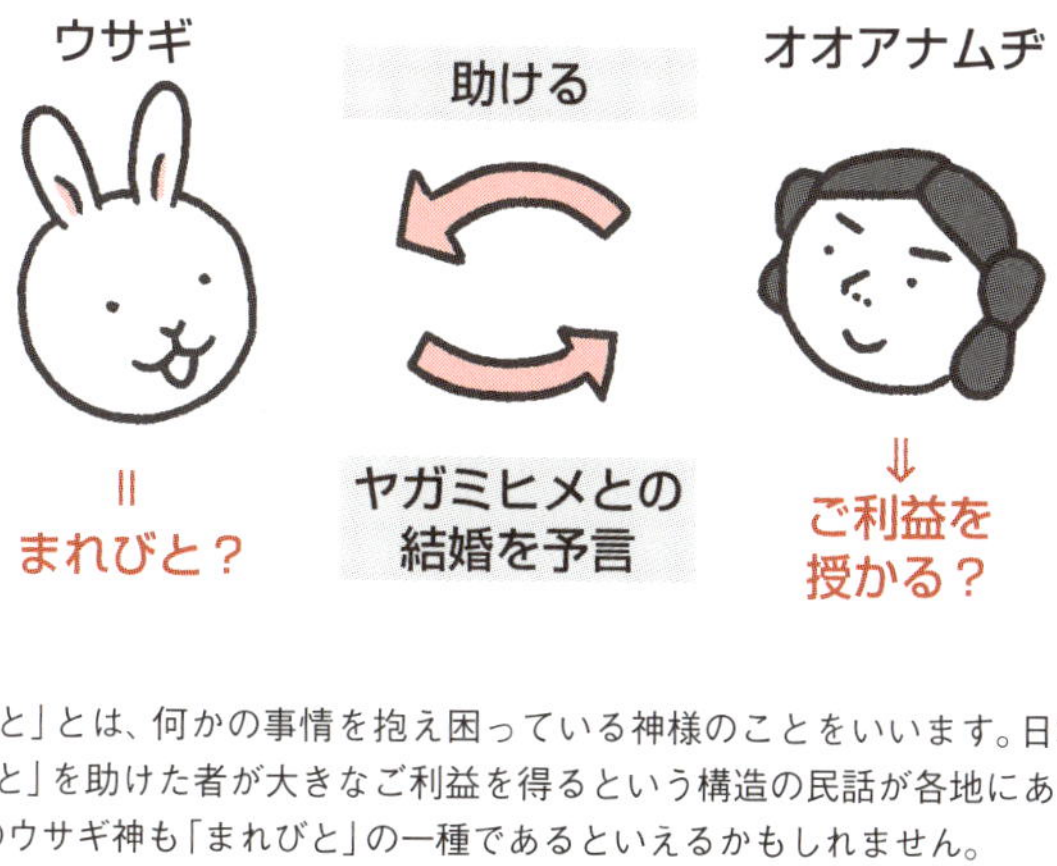

「まれびと」とは、何かの事情を抱え困っている神様のことをいいます。日本には、「まれびと」を助けた者が大きなご利益を得るという構造の民話が各地にあります。ここでのウサギ神も「まれびと」の一種であるといえるかもしれません。

スサノオの試練

心優しいオオアナムチですが、その後、八十神に命を狙われたり、スサノオに試練を課されたりと、多くの苦難にさらされます。

あらすじ

ウサギの予言通り、ヤガミヒメの結婚相手に選ばれたオオアナムチは、怒った八十神から命を狙われてしまいます。そこで、スサノオのいる根之堅洲国《ねのかたすくに》へ逃げることにしました。根之堅洲国に到着すると、スサノオの娘の須勢理毘売《すせりびめ》（以下スセリビメ）が出迎えました。2人は一目惚れし、すぐに結婚。一方で、スサノオはオオアナムチが葦原中国の国作りにふさわしい人物だと見抜き、数々の試練を課します。初日の夜はヘビのいる部屋で、翌日の夜はムカデとハチのいる部屋で寝るよう仕向け、あるときは野原で焼き殺そうとしました。しかし、オオアナムチはスセリビメやネズミの助けによりなんとか危機を回避。ついにはスサノオが寝ている間にスセリビメを背負い、刀と弓矢、琴を奪って根之堅洲国から逃げ帰ったのでした。その後、オオアナムチはオオクニヌシと呼ばれるようになり、スセリビメを正妻とします。

登場する主な神様

大穴牟遅神
（オオアナムチ）

モテる。全部で6柱の妻を迎えるほど

須勢理毘売
（スセリビメ）

夫のピンチを救う。嫉妬深い性格

1分でわかる「スサノオの試練」

恋多きオオアナムヂが、多くの試練や苦難を乗り越え成長していきます。

❶

美人のヤガミヒメに選ばれたことで八十神から怒りを買ってしまったオオアナムヂは、根之堅洲国へと逃げ込みます。

❷

根之堅洲国にいるスサノオを訪ねに行くと、出てきたのは娘のスセリビメ。ここで2人は恋に落ち、すぐにゴールイン。

❸

家に招き入れられたオオアナムヂは、スサノオからさまざまな試練を与えられますが、妻の助けもあって生き延びます。

❹

スサノオが眠っている間に、こっそりスセリビメを背負い、スサノオの刀と弓矢、琴を奪って逃げることに成功！

【神様の詳しい説明】
オオアナムヂ（オオクニヌシ）
→ P94

もっと知りたい「スサノオの試練」

八十神に2度殺されたオオアナムヂ

ヤガミヒメを末弟に奪われ、怒った八十神は2度もオオアナムヂを殺しています。

まず、「この山にいる赤いイノシシを追い下すから、山の麓《ふもと》で待ち受けて捕らえろ」とオオアナムヂに命令し、イノシシに似せた大きな焼け石を山の上から落としました。これによりオオアナムヂは焼死。しかし、悲しんだ母神が造化《ぞうかの》三神《さんしん》の1柱・カムムスヒに懇願したことで、生き返ることができたのです。

また、生き返った際にオオアナムヂは「子供」から「大人」になっており、通過儀礼を経て成長を遂げたことがわかります。

次に、八十神はオオアナムヂを山に誘い出し、2本の大木の間にはさんで圧死させます。ここでも再び母神が登場し、生き返らせたのでした。

スセリビメとネズミの活躍

スサノオの家に招かれ、ヘビのいる危険な部屋へと通されてしまったオオアナムヂ。しかし、スセリビメから呪力を持つ布を授かったことで、ヘビに食べられずに夜を明かすことができました。また、翌日、ムカデとハチのいる部屋に通された際にも、同様にスセリビメの布のおかげで無事に過ごすことができたのでした。

さらに、スサノオは広い野原に鏑矢《かぶらや》を放つと、オオアナムヂにそれを取りに行かせました。そして、野に火を放ちオオアナムヂを火の壁でおおってしまいます。

困ったオオアナムヂでしたが、そこにあらわれたネズミが「内側は空洞で、出入口は狭いよ」と言ったので、その場所を踏んでみると、穴に落ち、焼けずに済んだのです。

地上の王になるための「通過儀礼」

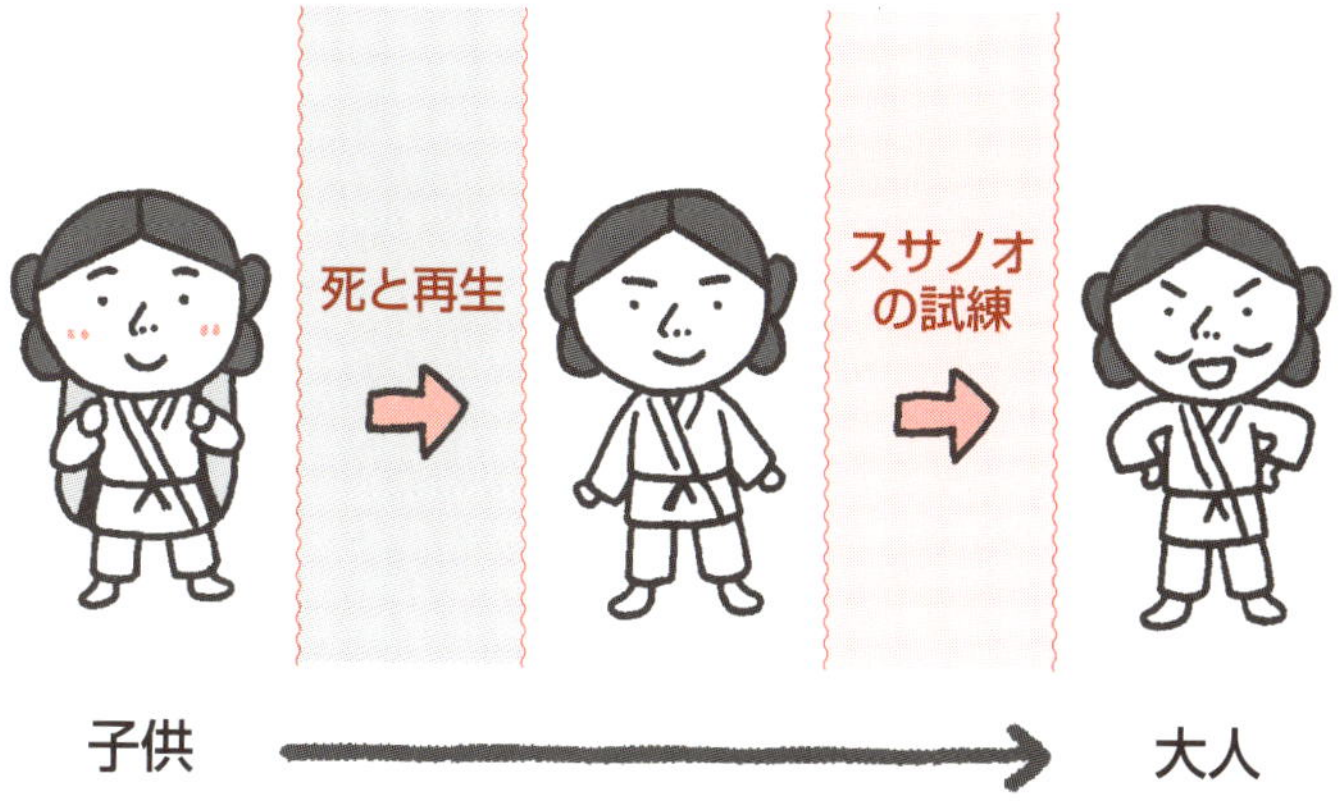

「子供」の従者だったオオアナムヂは、のちに地上の王となる存在。
八十神による死と再生、異郷・根之堅洲国訪問を経て立派な「大人」へと成長します。

■最後にスサノオが放った台詞

娘のスセリビメと刀、弓矢、琴を奪われ、ひとり根之堅洲国に取り残されたスサノオ。かつてヤマタノオロチを倒した英雄の勢いがおとろえた様子が伝わります。逃げる2人を最後まで追うことはなく、この台詞を残して、優しく見送るのでした。

オオクニヌシの国作り

オオクニヌシは、2柱の神と協力しながら国作りを進めていきます。しかし、その国を平定しようと高天原からは使者が送り込まれ……。

あらすじ

オオアナムヂはオオクニヌシとなり、人々が安心して生活できる国土を作り始めました。具体的には、安定して食物を生産できる農業技術や、病気の治癒法を広めたりします。国作りには、海の彼方からやってきた少名毘古那神《すくなびこなのかみ》（以下スクナビコナ）が協力しました。カムムスヒの子で、指の間からこぼれるほど小さい神です。カムムスヒがオオクニヌシに「このスクナビコナと兄弟となり国作りを固めなさい」と言ったので、2柱は助け合って国作りを進めます。しかし、スクナビコナは役割を終えると海の彼方に去ってしまいました。オオクニヌシが困っていると、こんどは大物主神《おおものぬしのかみ》（以下オオモノヌシ）がやってきて、国作りに協力しました。

高天原のアマテラスは、この葦原中国を平定しようと、次々と使者を送り込みます。しかし、どの神も役割を果たせず、葦原中国を平定することができずにいるのでした。

登場する主な神様

大国主神
（オオクニヌシ）

元オオアナムヂ。国作りの大役を担う

少名毘古那神
（スクナビコナ）

一寸法師のモデルとも。とても優秀な神

1分でわかる「オオクニヌシの国作り」

オオクニヌシが中心となって、人々が安全に暮らせる国の基盤を作ります。

❶

オオクニヌシは、海の彼方からやってきた小さな神・スクナビコナとともに国作りを固めます。

❷

人々が安心して暮らせるように、農地を開拓し、農業技術を伝え、病気の治癒法を広めたりしました。

❸

スクナビコナは海の彼方にある常世国《とこよのくに》に去ってしまいますが、その後はオオモノヌシも国作りに協力。

❹

高天原では、オオクニヌシらが作った葦原中国を平定しようと、アマテラスが使者を次々と下界に送り込むのでした。

【神様の詳しい説明】
オオクニヌシ→ P94

もっと知りたい「オオクニヌシの国作り」

主役はあくまで天つ神

オオクニヌシとスクナビコナは民間神話に伝わる神で、ペアで活動する国土創成の神。『出雲《いずもの》国風土記《くにふどき》』や『播磨国《はりまのくに》風土記《ふどき》』にも登場し、ともに稲種を広めたことが記されています。

しかし、『古事記』の原文ではこの2柱による国作りの描写は1行ほどしかありません。その理由として、『古事記』の主役はあくまで天つ神であるということが考えられます。

スクナビコナとともに国作りをせよとオオクニヌシに伝えたのも、造化三神《ぞうかのさんしん》のカムムスヒでした。これは、天つ神が国作りをサポートしているように見せるためだと考えられます。

ですから、天つ神ではないスクナビコナとオオクニヌシによる国作りの様子は、最低限の描写しかないのです。

オオクニヌシでは国を統治できない？

高天原のアマテラスは、葦原中国を平定するため、まずは正勝《まさかつ》吾《あ》勝勝《かつかち》速《はや》日《ひ》天《あめ》之《の》忍穂耳命《おしほみみのみこと》（以下オシホミミ）を遣いに出しました。

オシホミミは天《あめ》の浮橋《うきはし》から下界の様子をのぞき、高天原に戻ってくると「葦原中国はとても騒がしい」とアマテラスに報告します。この「騒がしい」という台詞は、原文では「さやぎて」であり、正確には「統治者が不在で、国が治まっていない」という意味です。つまり、ここではオオクニヌシが葦原中国をうまく平定できていなかったとしているのです。

この台詞から、葦原中国は天つ神によってはじめて統治できるのであって、国つ神では地上を平定することはできないのだということを示していると考えられます。

天つ神・カムムスヒによる国作りのサポート

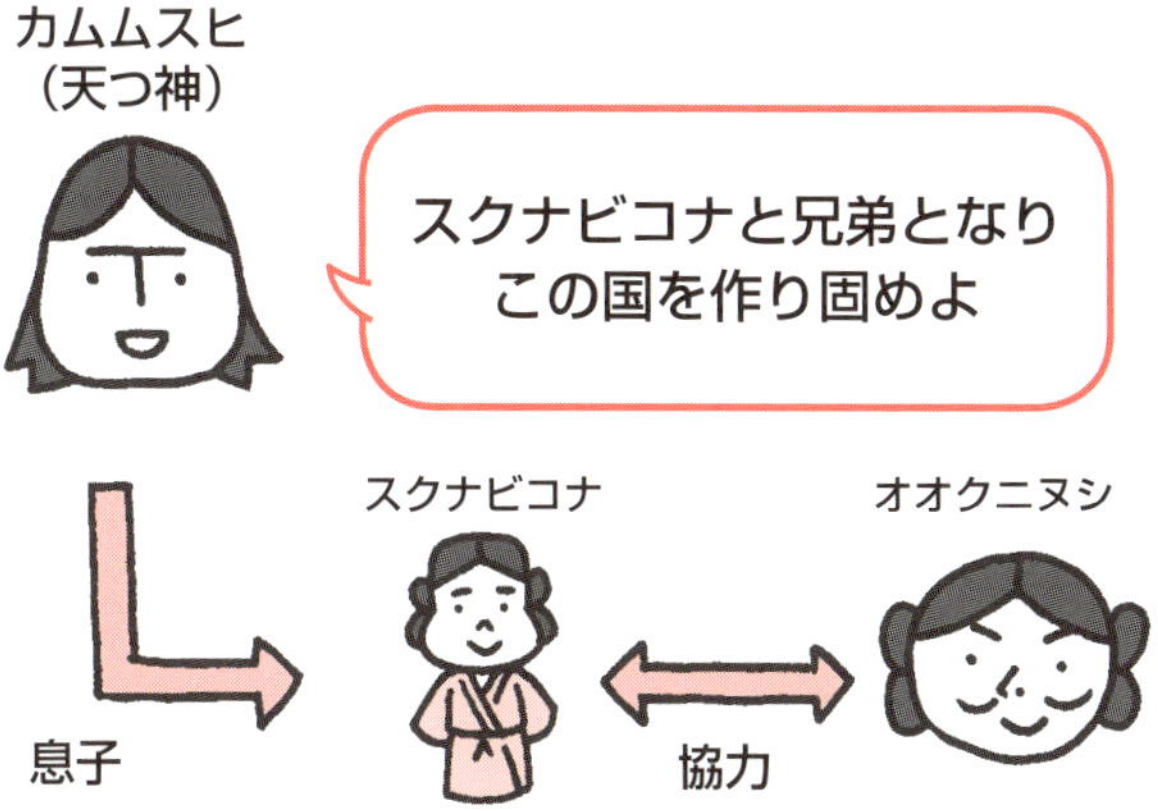

カムムスヒの言葉を受け、スクナビコナとオオクニヌシは国作りに着手。
カムムスヒはオオクニヌシが八十神に殺された際に生き返らせてくれた神でもあります。

■畿内大和の神・オオモノヌシ

オオモノヌシは「私を丁寧にまつるならば、国作りに協力しよう。でなければ、国作りは完成しないだろう」とオオクニヌシに言いました。もともと朝廷のある畿内大和の神でしたが、ここで国作りをした神としての性格が付与されています。
オオモノヌシは、海上から光を発しながら現れました。

古事記の名場面を読み解く⑩

オオクニヌシの国譲り

「因幡の白兎」「スサノオの試練」「国作り」と続いたオオクニヌシの成長物語でしたが、ついに隠居生活へと追い込まれます。

あらすじ

タカミムスヒとアマテラスは地上の葦原中国を平定するため、協議の末に天之菩卑能命《あめのほひのみこと》（以下アメノホヒ）を派遣。しかし、3年経っても音沙汰がありません。さらに天若日子《あめのわかひこ》（以下アメノワカヒコ）を遣いに出すも、8年経っても戻りません。そこで、雉《きじ》の鳴女《なきめ》（以下ナキメ）に様子を見に行かせますが、ナキメはアメノワカヒコに射殺されてしまいます。

次々と懐柔される使者たち。最後の使者・建御雷之男神《たけみかづちのおのかみ》（以下タケミカヅチ）は、ついに「葦原中国はアマテラスの御子が治めるべき国だが、あなたの考えはどうか？」とオオクニヌシに迫ります。そこで、オオクニヌシの子・建《たけ》御名方神《みなかたのかみ》（以下タケミナカタ）が果敢にタケミカヅチに力比べを挑むも、結果はタケミカヅチの勝利。

オオクニヌシは立派な御殿に隠居することと引き換えに、タケミカヅチに服従したのでした。

登場する主な神様

大国主神
（オオクニヌシ）

子だくさんの神で、その数は100以上

建御雷之男神
（タケミカヅチ）

カグツチの血から生まれた刀剣の神

1分でわかる「オオクニヌシの国譲り」

高天原から送り込まれる使者を次々と懐柔していくオオクニヌシでしたが……。

❶

アマテラスは葦原中国を平定するため、アメノホヒ、アメノワカヒコ、ナキメを送り込みますが、平定には至らず。

❷

そこでタケミカヅチは「葦原中国はアマテラスの御子が治めるべきだが、どう思う？」とオオクニヌシに直接問いただします。

❸

そこに現れたオオクニヌシの子・タケミナカタ。勢いよくタケミカヅチに力比べを挑むものの、あえなく敗北。

❹

オオクニヌシは国を譲ることにします。そして、代わりに、自分が住まう壮大な御殿を建造してもらうようにお願いしたのでした。

【神様の詳しい説明】
オオクニヌシ→ P94
タケミカヅチ→ P93

もっと知りたい「オオクニヌシの国譲り」

史実で見る「国譲り」

史実に照らし合わせてみると、大和政権（天つ神）にとって出雲（オオクニヌシ）は非常に強力な地方政権であり、その統治は数世代にもわたる困難な事業であったと考えられます。

また、タケミカヅチに投げ打たれたタケミナカタは「州羽海《すわのうみ》（諏訪湖《すわこ》）」まで逃げ続けるのですが、この描写も史実を反映していると考えられます。6～7世紀頃、朝廷は皇祖神アマテラスを頂点としたシステムの中に、地方で独自に信仰されてきた神々をも組み入れようとしました。しかし、諏訪の豪族はこの統制を拒否し続け、その抵抗は鎌倉時代になるまで続いたのです。

このような諏訪の人々による中央への抵抗の姿勢を、タケミナカタが象徴しているのです。

完結したオオクニヌシの成長物語

タケミナカタがタケミカヅチに敗北したことで、葦原中国を譲ることとなったオオクニヌシ。国譲りと引き換えに要求したのは、アマテラスが住むのと同じように、太い柱で、高くそびえ立つような壮大な御殿でした。そして、自らはそこに隠棲すると言います。

この御殿こそが、のちの出雲大社であるといわれています。

宇迦能山《うかのやま》の麓に御殿が建造されると、タケミカヅチは高天原へのぼり、葦原中国が平定されたことをアマテラスに報告したのでした。

こうして幕を閉じた国つ神・オオクニヌシの英雄譚でしたが、天つ神が主役の『古事記』においてここまで詳細に記されたのは、大和政権の強大な力を示すためであったと推測できます。

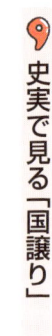

高天原と葦原中国による全面衝突

タケミカヅチとタケミナカタはどちらも「建」という字が含まれる武力の神。
この2柱の力比べが意味するのは、高天原と葦原中国による全面衝突なのです。

■古代の出雲大社は高さ96メートル!?

オオクニヌシが隠棲するために建造した御殿。古代には、高さが約96メートルの高層建築だったという説もあります。

天孫降臨《てんそんこうりん》

国譲りによって高天原の統治下となった葦原中国。そこに統治者として降臨したのは、ホノニニギという神でした。

あらすじ

タケミカヅチによって葦原中国が平定されたことを知ったアマテラスとタカミムスヒは、オシホミミに下界へ降りて統治するよう命じます。これに対し、オシホミミは「子の天《あめ》邇《に》岐《き》志《し》国《くに》邇《に》岐《き》志《し》天《あま》津《つ》日《ひ》高《こ》日《ひ》子《こ》番《ほ》能《の》邇《に》邇《に》芸命《ぎのみこと》（以下ホノニニギ）が生まれたので、その子を降臨させよう」と提案。

こうして地上に降りることとなったホノニニギ。いざ降りようとすると、道中の天之八衢《あめのやちまた》というところで何者かが立ちはだかりました。そこに遣わされたアメノウズメが何者かと尋ねると、その者は「私は国つ神で、猿田毘古神《さるたびこのかみ》（以下サルタビコ）といいます。天つ神がお降りになると聞いて、先導としてお仕えに参りました」と言いました。ホノニニギは、宝物（三種の神器）とともに、たくさんの家来神をしたがえ、ついに筑紫日向《つくしのひむか》の高千穂《たかちほ》の山に降り立ちます。そして、その地に壮大な宮殿を建てて住まいとしました。

登場する主な神様

番能邇邇芸命
（ホノニニギ）

アマテラスとタカミムスヒの系譜を継ぐ

猿田毘古神
（サルタビコ）

道の神。交通安全の信仰を集める

1分でわかる「天孫降臨」

天つ神の子孫がどのように地上に降り立ったのかが描かれる、重要な場面です。

❶

アマテラスとタカミムスヒの命により、葦原中国を統治するため、地上へと降り立つこととなったホノニニギ。

❷

いざ地上へ向かおうとすると、道中に立ちはだかる者が。そこで、遣わされたアメノウズメが何者かを問いただすと…。

❸

「私はサルタビコ。あなたがたが天から降りてくると聞いて、先導のため、お迎えに参りました」

❹

こうして、たくさんの家来神とともに、天孫の証である宝物（三種の神器）を持って高千穂の山に降り立ちました。

【神様の詳しい説明】

ホノニニギ→P99

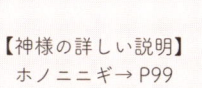

もっと知りたい「天孫降臨」

「天石屋戸隠れ」とのつながり

ホノニニギとともに地上に降り立った家来神はぜんぶで10柱。そのうち8柱はフトダマ、アメノウズメなど「天石屋戸隠れ」に登場した神々でした。また、地上に持参した宝物のうち、勾玉と鏡は天石屋戸で催されたお祭りに使用されたもの。なぜここで再び登場したのでしょうか。

その理由の1つには、高天原から離れることのできない最高神のアマテラスが、まるで地上に降臨しているかのように見せる演出であったことが考えられます。

そしてもう1つ、天石屋戸隠れ神話と天孫降臨神話はもともと1つの物語だったとする見方があります。出雲系の国譲り神話をどうしても挿入する必要があり、あとから物語を2つに分けたということです。

重要な役割「降臨神」の決定

最初に葦原中国を統治するよう命じられたのは「スサノオの誓約」で生まれたアマテラスの子・オシホミミです。しかし、最終的に降臨神となったのは、オシホミミとタカミムスヒの娘が結婚して生まれた子・ホノニニギ。彼はアマテラスとタカミムスヒの両方の血を引いています。この降臨神決定は何を意味するのでしょうか。

じつは『日本書紀』では、アマテラスが降臨を指示する話と、タカミムスヒが降臨を指示する話の両方が収められています。しかし『古事記』ではこの2柱の伝承が合わさり、一緒に降臨を指示しました。

ですから、降臨神も、アマテラスのみの血を受け継いでいるオシホミミではなく、ホノニニギが選ばれたと考えられます。

降臨した場所はアマテラス生誕の地・筑紫日向

× 出雲　○ 筑紫日向

国譲りの舞台は出雲でしたが、降臨した場所は筑紫日向。ここは、黄泉国から戻ったイザナキが禊をし、アマテラスが生まれた地でもあります。また、降臨地は宮崎県北部の高千穂町や宮崎県南部の霧島山など諸説あります。詳しくはP112。

■サルタビコとアメノウズメの結婚

天孫を無事に送り届けたサルタビコは、故郷の伊勢に帰ることに。そこに、ホノニニギの命でアメノウズメが監視役として同行します。このとき、アメノウズメはサルタビコの神名を用いるように。つまり、ふたりは結婚したことになります。

古事記の名場面を読み解く⑫

ホノニニギの結婚

それまでは寿命がなく永遠の存在だった神々。しかし、ホノニニギの結婚によって、天孫は人間と同様に寿命を持つ存在となります。

あらすじ

地上に降臨したホノニニギは、笠沙岬《かささのみさき》で美しい娘と出会います。娘は木花之佐久夜毘売《このはなのさくやびめ》（以下サクヤビメ）といい、石長比売《いわながひめ》（以下イワナガヒメ）という姉神がいました。サクヤビメを見初めたホノニニギはさっそく求婚。すると父神・大山津見神《おおやまつみのかみ》（以下オオヤマツミ）は喜び、姉神とともに多くの献上品を持たせ差し出しました。しかし、姉神のイワナガヒメはとても醜く、送り返されてしまいます。

この仕打ちに対し、オオヤマツミが言うことには、「イワナガヒメも一緒に差し出したのは、天つ神の御子の命が岩のように堅固になるようにです。しかし、サクヤビメだけを妻とされたからには、天つ神の御子の寿命は木の花が散るようにもろくはかないものとなるでしょう」。

サクヤビメだけと一夜の交わりをしたホノニニギ。懐妊したサクヤビメはその後、3柱の子を生みました。

登場する主な神様

石長比売
（イワナガヒメ）

岩のように堅固で不変。長寿の神

木花之佐久夜毘売
（サクヤビメ）

火中出産に挑む根性と美貌を併せ持つ

1分でわかる「ホノニニギの結婚」

ホノニニギは美しい娘とめでたく結婚。しかし、永遠の命と引き換えに……。

1

地上に降りたホノニニギは、とある岬で美しい娘・サクヤビメを発見。声をかけ、さっそく結婚を申し込みます。

2

すると、サクヤビメの父神は大喜びし、姉神のイワナガヒメとたくさんの献上品を添え、よこしてきました。

3

しかし、このイワナガヒメがたいへん醜かったため、ホノニニギは姉神を返却。妹神のサクヤビメだけを留めたのです。

4

堅固な命をもたらすイワナガヒメを拒否したホノニニギ。以降、天つ神の御子の寿命は、木の花のようにはかなくなりました。

【神様の詳しい説明】
ホノニニギ→P99
サクヤビメ→P100

もっと知りたい「ホノニニギの結婚」

人の寿命を伝える世界の神話

ホノニニギがイワナガヒメを拒否し、サクヤビメを妻としてからは、天孫も人間のように寿命を持つようになります。このような、人の寿命の起源を伝える神話は南方を中心に広く見られ、「バナナ型神話」といわれています。なぜ「バナナ型」神話なのでしょうか？

ストーリーはこうです。まず、天上の神が地上に石とバナナを降ろします。すると人間は、石は食べられないと言って拒否し、バナナを選んで食べました。これに対し神は「石を選んでいれば永遠の命が手に入ったが、バナナを選んだために、バナナのようにはかない命になるだろう」と言うのです。

こうした南方の神話が日本にも伝わったと考えられます。

サクヤビメ、炎のなかで出産!?

ホノニニギと一夜を過ごしたサクヤビメは、自分が妊娠したことをホノニニギに伝えました。しかし、たった一夜で妊娠したことに疑問を抱いたホノニニギは、国つ神との間にできた子ではないかと言って信じません。

そこで、サクヤビメは「国つ神の子なら、生むときに無事ではないでしょう。天つ神の子なら無事でしょう」と言い、戸のない産屋を建て、そのなかに籠《こも》り、なんと出産に際して自ら火をつけます。

燃えさかる炎のなか挑んだ出産は無事に終わり、火照命《ほでりのみこと》（＝海佐知毘古《うみさちひこ》、以下ウミサチ）、火須勢理命《ほすせりのみこと》、火遠理命《ほおりのみこと》（＝山佐知毘古《やまさちひこ》、以下ヤマサチ）が誕生。こうして、3柱がホノニニギの子であることを証明したのでした。

選んだもので、寿命が決まる

バナナ型神話では、石とバナナのどちらを選ぶかで寿命の長さが決まります。『古事記』では、石と花を象徴する姉妹の対比として表現されているのです。

■富士山を見守るサクヤビメ

燃える産屋のなかで3柱の子の出産を果たしたサクヤビメ。火をコントロールする霊力があるとされ、日本一の活火山である富士山をご神体として、富士山本宮浅間《せんげん》大社（静岡県）や北口本宮冨士浅間神社（山梨県）にまつられています。

古事記の名場面を読み解く⑬

ウミサチとヤマサチ

ホノニニギとサクヤビメの間に生まれた3柱のうち、ウミサチとヤマサチが対立します。この兄弟喧嘩が表しているものとは？

あらすじ

ホノニニギとサクヤビメが結婚し、生まれたのは3柱の神々。そのうち、長男・ウミサチは海の魚を、末弟・ヤマサチは山の鳥獣をとって暮らしていました。あるときヤマサチは「お互いの道具を交換しよう」とウミサチに提案。交換した道具で魚を釣っていると、釣り針を海に落としてしまいます。ウミサチに謝るもなかなか許してもらえず、海辺で泣いていると、そこに塩椎神《しおつちのかみ》が来て「海神・綿津見神《わたつみのかみ》（以下ワタツミ）の宮殿に行けば万事解決する」とのお告げが。

宮殿に着いてから、ヤマサチはワタツミの娘・豊玉毘売《とよたまびめ》（以下トヨタマビメ）と結婚。3年が経つ頃には釣り針も見つかり、地上に戻ることに。その際、ワタツミからは、ウミサチに対抗するための呪文と2つの珠《たま》を授かりました。ヤマサチは地上に戻ると、ウミサチに釣り針を返し、さらに呪文と珠によって兄神を服従させることに成功したのでした。

登場する主な神様

海佐知毘古
（＝火照命、ウミサチ）

弟の過ちを許せない不寛容な一面も

山佐知毘古
（＝火遠理命、ヤマサチ）

天孫。海の宮殿で水の霊力を得る

1分でわかる「ウミサチとヤマサチ」

お互いの大事な道具を交換したことから、兄弟喧嘩が勃発！

❶

ウミサチは海の幸を、ヤマサチは山の幸をとって暮らしていました。あるとき、お互いの道具を交換することに。

❷

ところが、ヤマサチは釣り針を紛失。謝っても許してもらえず困っていると、海神の宮殿に行けとのお告げが。

❸

宮殿を訪れたヤマサチは海神の娘・トヨタマビメを妻に迎え、失くした釣り針も発見。さらに、呪文と珠を授かり地上へ。

❹

まずはウミサチに釣り針を返却。そして、水の霊力を持つ珠と呪文を使いウミサチをやっつけ、服従させたのでした。

【神様の詳しい説明】
ウミサチ（＝火照命）→ P102
ヤマサチ（＝火遠理命）→ P101

もっと知りたい「ウミサチとヤマサチ」

ウミサチの子孫・隼人の服従の歴史

ヤマサチが持つ、水の霊力を秘めた珠に苦しめられたウミサチは、「昼も夜もあなた様の守護人としてお仕えしましょう」と赦《ゆる》しを求めます。ここでは、天孫であるヤマサチがウミサチを服従させたという対立構造が描かれているのです。

ウミサチの子孫の隼人《はやと》とは、大和政権から見た九州南部の人々のこと。彼らは7世紀末以降、大和政権に服従し、宮廷の守護のほか、大嘗祭《だいじょうさい》では水に溺れる様子を踊った「隼人舞」を演じさせられました。この神話には、隼人による大和政権への服属の歴史が反映されているのです。

また、ウミサチとヤマサチの神話はもともと隼人の間で伝承されてきたもので、兄弟争いの要素は朝廷側が付け加えたと考えられています。

トヨタマビメの真の姿は……

天孫であるヤマサチが国を治めるようになると、妻のトヨタマビメが出産のために夫を訪ねてきます。トヨタマビメは、「本来の姿になって子を生むので、その姿を見ないでください」とヤマサチに告げ、産屋に入って行きました。

ところが、気になって仕方がなくなったヤマサチは、まさに出産の最中にのぞき見てしまうのです。そこには、巨大な体でのたうちまわるワニ（ここでは水棲生物のこと）の姿が。恐れをなしたヤマサチは逃げ出し、トヨタマビメは恥ずかしさで海へ帰ってしまいます。

このとき生まれた子は、トヨタマビメの妹・玉依毘売《たまよりびめ》に育てられ、やがて玉依毘売と結婚。のちに、神倭伊波礼毘古命《かむやまといわれびこのみこと》（初代神武《じんむ》天皇）を授かります。

海神が授けた2つの珠は、塩盈珠と塩乾珠

ヤマサチは塩盈珠《しおみつたま》（潮の満ちる珠）を出すことでウミサチを溺れさせ、
ウミサチが助けを乞うと、塩乾珠《しおひるたま》（潮の乾《ひ》る珠）を出して生かしてやりました。

■塞がれた海と地上の境界

本来の姿を夫に見られたトヨタマビメは、海へ帰る際、地上と海を結ぶ道を塞いでしまいます。禁止を破ったことで離別してしまう物語のパターンは「黄泉国訪問」にもありましたが、ここでは、人間と異類の境界が塞がれたことを意味しています。

古事記の名場面を読み解く⑭

イワレビコの東征

天孫・ヤマサチの孫にあたるイツセとイワレビコ。2柱は天下を治めるため、日向（ひむか）を離れて遠く東をめざし進軍します。

あらすじ

　ヤマサチの息子と玉依毘売《たまよりびめ》との間に生まれた4柱の子。そのうち、長男・五瀬命《いつせのみこと》（以下イツセ）と四男・神倭伊波礼毘古命《かむやまといわれびこのみこと》（以下イワレビコ）は、天下を安らかに治めるため、日向から東の大和へと向かうことにします。豊国《とよのくに》、筑紫《つくし》、阿岐国《あきのくに》、吉備《きび》をへて十数年。さらに海上を東へ進み、河内《かわち》の白肩津《しらかたのつ》に停泊。ここで、土地を支配する登美毘古《とみびこ》（以下トミビコ）の軍勢と激しく衝突します。イツセは傷を負い、紀国《きのくに》の男之水門《おのみなと》というところで絶命してしまいます。

　東征を続けるイワレビコは、熊野から大和に向かう途中、アマテラスとタカミムスヒから布都御魂《ふつのみたま》（神剣）を授かり、導き手として八咫烏《やたのからす》を遣わされます。行く先々で豪族を攻略し、その土地を配下に治め、とうとう兄神の敵《かたき》・トミビコとの戦いへ。ついにトミビコを討ち取ったイワレビコは、畝火《うねび》の白檮原宮《かしはらのみや》で初代・神武《じんむ》天皇として即位しました。

登場する主な神様

五瀬命
（イツセ）

腕に負った矢傷により死んでしまう

神倭伊波礼毘古命
（イワレビコ）

127歳まで生きたとされるご長寿

1分でわかる「イワレビコの東征」

東征の途中で戦死を遂げたイツセ。イワレビコはなおも大和へと進軍します。

1

ヤマサチの孫・イツセとイワレビコは、天下を安らかに治めるため、日向から東の大和をめざして出発。

2

河内の白肩津まで来ると、その土地を支配するトミビコの軍勢と衝突。イツセは負傷し、無念の雄叫びをあげて絶命。

3

旅を続けるイワレビコは、途中、アマテラスとタカミムスヒから授かった神剣と八咫烏を携え、各地の豪族を攻略。

4

ついに兄の敵・トミビコをも討ち取り、荒ぶる神を平定し、服従しない者を追い払うと、神武天皇として即位しました。

【神様の詳しい説明】
イワレビコ→P103

もっと知りたい「イワレビコの東征」

太陽を背負って戦う

河内の白肩津でトミビコの軍勢と激しく衝突した際、矢傷を負ってしまったイツセ。このときイワレビコたちは、九州側（西側）から瀬戸内海を通り、紀伊半島の東側から上陸して進軍していたのです。

イツセは「太陽の神の御子でありながら、太陽に向かって戦うのはよくない。だから痛手を負ってしまったのだ。これからは太陽を背負って戦おう」と言います。つまり、太陽神・アマテラスに向かって戦をしていたことが負傷の原因だとしたのです。そこで一行は、紀伊半島を南下し、太陽を背にして再び攻め込むことに。

しかし、イツセはその道中で、「賤《いや》しい者のために手傷を負って死ぬことになろうとは」と叫び、死んでしまいます。

大和に登場した天つ神の子・邇芸速日命《にぎはやひのみこと》

イワレビコが兄神の敵・トミビコとの戦いにのぞむ際、邇芸速日命（以下ニギハヤヒ）が現れます。

ニギハヤヒは、「天の御子がお降りになったと聞いたので、後を追って降りてきました」と言い、天の品々を献上し、イワレビコに仕えることを誓いました。ニギハヤヒは高千穂に降臨したホノニニギの兄にあたります。

『日本書紀』においては、ニギハヤヒがトミビコを討ち取っています。トミビコは天つ神であるニギハヤヒに仕えていましたが、天の御子が2人もいるはずがないとして、イワレビコに詰め寄ったのです。そこで、ニギハヤヒがトミビコを殺害し、イワレビコに従ったというストーリーになっています。

日向から大和へ。神武東征のルート

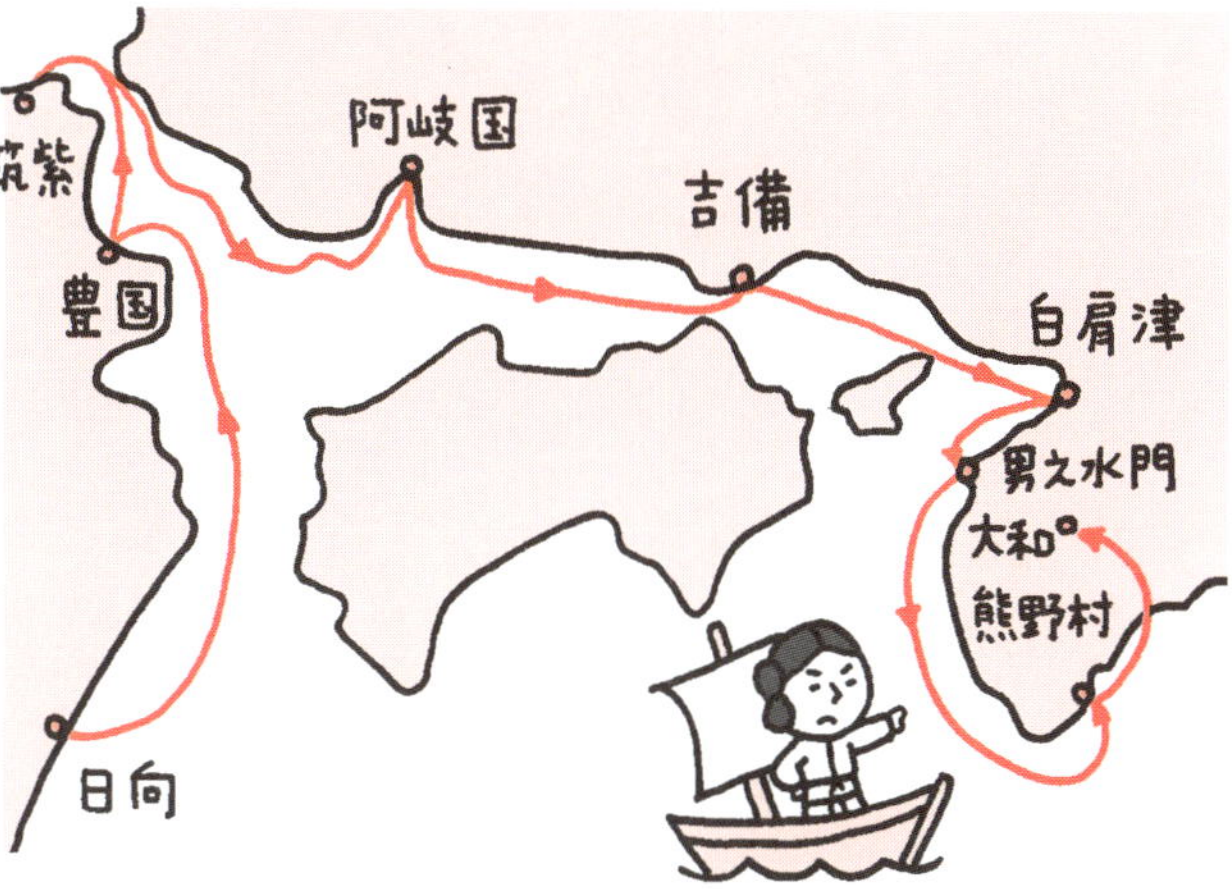

「神武東征」の伝説は6世紀初頭にまとめられたとされています。「天皇の祖先は遠い土地からやってきた」として、天皇の権威を高めたのだと考えられます。

■苦戦する御子に送られた布都御魂《ふつのみたま》と八咫烏

東征に苦戦するイワレビコを心配したアマテラスとタカミムスヒ。2柱が地上に降ろした布都御魂は、タケミカヅチが葦原中国を平定した際に使用した大刀でした。また、このとき派遣された八咫烏が、悪い神々のひしめく道中を無事に導きました。

古事記の名場面を読み解く⑮

ヤマトタケルの遠征

初代・神武天皇の即位後、皇位は受け継がれ、第12代・景行天皇の時代。皇子の1人、かの有名なヤマトタケルが活躍する場面です。

あらすじ

第12代景行《けいこう》天皇のとき、皇太子の1人に小碓命《おうすのみこと》（以下オウス）という皇子がいました。のちのヤマトタケルです。

あるとき天皇は、「食事の席に陪席《ばいせき》しない兄のオホウスをねぎらうように」とオウスに命じました。するとオウスは、オホウスの手足を引き抜き、筵《むしろ》にくるんで投げ捨ててしまいます。この乱暴ぶりに恐れを感じた天皇は、オウスを遠ざけるため九州の熊曾《くまそ》を討伐しに行くよう命令します。オウスは熊曾建《くまそたける》兄弟の屋敷に潜入し兄弟を殺害すると、以降「倭建命《やまとたけるのみこと》（以下ヤマトタケル）」と名乗るようになりました。

ヤマトタケルが都に戻ると、ほどなく東方12の国を平定しに向かうよう命じられます。この非情に傷ついたヤマトタケルは、伊勢神宮にいる叔母を頼り、草那芸剣《くさなぎのつるぎ》と袋を授かります。そして、叔母や后に助けられながら荒ぶる神々や人々を平定。ついに12の国の東端へとたどり着いたのでした。

登場する主な人物

倭建命
（ヤマトタケル）

残酷な性格だが、弱い一面も見せる

景行天皇
（けいこうてんのう）

ヤマトタケルの父。子と違いおおらか

1分でわかる「ヤマトタケルの遠征」

天皇に恐れられ、都を離れて遠征を続けたヤマトタケルの一生が描かれます。

❶

皇子オウスは、ある日景行天皇から「兄をねぎらうように」との命を受けると、兄を残忍な方法で殺してしまいます。

❷

そんなオウスを恐れた天皇は、彼を遠ざけるため九州の熊曾討伐を命令。任務を終えたオウスは、ヤマトタケルを名乗るように。

❸

都に戻るや、今度は東方の国々を平定するよう命じられたヤマトタケル。伊勢神宮にいる叔母を訪ね、草那芸剣と袋を授かり、東征へ出発。

❹

敵の策略や荒れる海に行く手を阻まれるも、草那芸剣や袋、后の助けにより、ついには東方の国々を平定したのでした。

【神様の詳しい説明】
ヤマトタケル→ P104

もっと知りたい「ヤマトタケルの遠征」

天皇になれない「殺人者」

『古事記』の神々は、天上界である高天原にいる「天つ神」と人間の住む葦原中国にいる「国つ神」に分かれます。

これまで天つ神や、天つ神の系譜につらなる天皇たちは、殺害の場面で直接手を下すことはありませんでした。しかし、ヤマトタケルは兄・オホウスや熊曾建らを殺しています。つまり、どんなに手柄をあげたとしても、天皇になる資格がないのです。

実際、東征によって国々を平定したヤマトタケルでしたが、大和国への帰り道、能煩野《のぼの》（現在の三重県亀山市）で、旅の傷がたたって亡くなってしまいます。死ぬ直前に故郷を懐かしむ歌を詠《うた》ったヤマトタケル。長い遠征も報われず、悲哀を感じさせる最期となっています。

草那芸剣はアマテラスの霊力を象徴

東征を命じられたヤマトタケルは、東へ下る前に叔母のいる伊勢神宮を訪れます。

ここで授かったのは、スサノオがヤマタノオロチを斬ったときに出現した草那芸剣と、もしものときに開ける袋でした。草那芸剣はスサノオからアマテラスに献上され、その後降臨神のホノニニギに授けられたものです。

そして、叔母は伊勢神宮で天皇家の祖先神であるアマテラスに仕える巫女でした。つまり、ヤマトタケルは叔母を介して、アマテラスの霊力をもらい受けたのです。

ちなみに、残忍な性格が目につくヤマトタケルでしたが、叔母のもとを訪れた際には「天皇は私のことなど死んでしまえと思っておられるのだろうか」と涙を流す一面も見せています。

西へ東へ、ヤマトタケルの遠征ルート

ヤマトタケルの遠征ルートは、大和朝廷が５世紀末～６世紀初頭に
力を持っていた地域とほぼ一致。かなりの距離を移動していたことがわかります。

■白鳥になったヤマトタケル

東征の最期、能煩野で力尽きたヤマトタケルは、その魂を白鳥の姿に変えました。そして天を飛び、河内国《かわちのくに》の志幾《しき》という場所に降り立ちます。そこに墓がつくられ、ヤマトタケルの魂が鎮められると、白鳥《しらとり》の御陵《みささぎ》と名付けられたのでした。

column

『古事記』受容の歴史

8世紀初頭に登場した『古事記』は、人々にどのように読まれ、
受け継がれてきたのでしょうか。その受容の歴史を見てみましょう。

9世紀〜10世紀なかば

古語・倭語で書かれた『古事記』は、漢文で書かれた『日本書紀』のサブテキストのような位置付けでした。

1644年

『古事記』の印刷本がはじめて刊行。その後、国学者の本《もと》居《おり》宣《のり》長《なが》による『古事記伝』が注目を集めます。

明治期

歴史の授業で教えられるように。また、研究、文学、芸術など多方面に影響を及ぼしました。

戦前・戦後

戦前の政治思想に悪用されたことで、戦後長らくは危険な書物という烙印《らくいん》を押されます。

現在

国家神道から解放され、自由に議論する対象に。神話に基づいた歴史研究も盛んになりました。

本居宣長によってメジャーな古典に

『古事記』は編纂された当初から南北朝時代ごろまで、メジャーな存在ではありませんでした。転換期は江戸時代。国学者の本居宣長が『古事記』の注釈書『古事記伝』を著し、はじめてスポットライトをあてます。

これ以降、『古事記』は重要な古典として扱われるようになりました。

【第4章】『古事記』の神々を読み解く

『古事記』に登場する個性豊かな神々を、さらに詳しく読み解いていきましょう。ここまでに紹介しきれなかったさまざまなエピソードを持つ神様も多く、それらを知ればより身近に親しみやすく感じられることでしょう。

天之御中主神《あめのみなかぬしのかみ》

アメノミナカヌシ

最初に登場！
謎に包まれた神様

タカミムスヒ、カムムスヒと同様に「造化三神《ぞうかのさんしん》」であり、さらに「別天神《ことあまつかみ》」5柱のうちの1柱という特別な神。

『日本書紀』では登場しない。最初に現れるのはアメノミナカヌシではなく、国《くに》之常立神《のとこたちのかみ》。

男神でも、女神でもない「独神《ひとりがみ》」。高天原に現れた後、姿を隠してしまう。

性別：なし（独神）
神社：出雲大社、水天宮系、妙見社系、ほか
別名：天御中主尊

後世の創作で生まれた神様？

「天地創成」の際に最初に現れて以降、一度も姿を現すことのない、謎に包まれた神。「天之御中主神」の名前から読み取れるのは「天空の中心の主人」ということ。アメノミナカヌシをまつる古社がほとんどないため、比較的新しい時代に、神話を描くために生み出された神だと考えられています。

古事記の神々を読み解く②

高《たか》御《み》産《む》巣《す》日《ひ》神《のかみ》

タカミムスヒ

重要な場面で活躍！
高天原の司令塔

たびたび高天原からアマテラスとともに指令を出し、地上を導いている。

「イワレビコの東征」ではイワレビコに神剣・布《ふ》都《つの》御《み》魂《たま》と八咫烏《やたのからす》を授ける重要な役割を担う。

「オオクニヌシの国譲り」では地上から飛んで来た矢を投げ返し、アメノワカヒコを絶命させる厳しさも見せる。

「造化三神」のうち、アメノミナカヌシやカムムスヒと比べてもっとも存在感あり!?

性別：なし（独神）
神社：高天彦神社、岡田宮、ほか
別名：高木神《たかぎのかみ》、高皇産霊尊

『古事記』の影の中心人物!?

「タカミムスヒ」の「ムス」は「育つ・生える」という意味を持ちます。また、別名の「高木神」は草木植物の生成を意味し、生命活動を司る神と考えられています。「オオクニヌシの国譲り」では、地上世界を平定するためアマテラスとともに神々に指令を出しており、「別天神」のなかでも活躍が多いのが特徴です。

古事記の神々を読み解く③

1柱目の主役は日本で最初の父神

伊邪那岐神《いざなきのかみ》

イザナキ

生んだ神は総勢78柱の子だくさんパパ。（イザナミとの間に35柱、イザナミの死後17柱、禊で26柱）

怒り出すとブレーキの利かない子どもっぽい性格。自分の子でも殺したり、国から追放したり……。

イザナミと一緒に海をかきまわし、日本初の島を作った天沼矛。高天原に住む神々から授かった。

死んでしまった妻・イザナミを黄泉国まで追いかけていく、一途で寂しがりやな面もある。

性別：男神
神社：伊弉諾神宮、おのころ島神社、多賀大社、ほか多数
別名：伊弉諾神

イザナキとイザナミは人類の始祖

日本の国土や神々を次々と生んだイザナキ。妻のイザナミが神生みで亡くなると黄泉国まで追いかけますが、結果むなしく離縁。黄泉国から戻った後、禊をしたときにアマテラス、ツクヨミ、スサノオの「三貴子《みはしらのうずのみこ》」を生みます。日本最初の夫婦の神であることから、現在は夫婦円満、縁結びの神として信仰されています。

大地母神であり死者の国の守護神

伊《い》邪《ざ》那《な》美《み》神《のかみ》

イザナミ

夫・イザナキと天沼矛でかきまぜて作った島に降り立ち、最初の国生みで生んだのが淡路島。

生前に14の島、35柱の神々を生んだ元気いっぱいなママ。逆鱗に触れると夫同様、ヒステリックに。

黄泉国では８柱の雷神を生み、うじ虫がカラダにゴロゴロたかる醜い姿に変わってしまう。

逃げるイザナキに唯一追いついたので、そのことを讃えて「道敷大神《ちしきのおおかみ》」と呼ばれるようになった。

性別：女神
神社：伊弉諾神宮、熊野大社、ほか多数
別名：黄泉津大神、道敷大神

生と死、対になるふたつの国の神様

神生みの際に、火の神を生んだことで大火傷をして死んでしまったイザナミ。死者の国では「黄《よ》泉《も》津《つ》大神《おおかみ》」と呼ばれ、主宰神となりました。生と死の両面を併せ持つ神様で、古代にあった循環する死生観の投影だとも考えられます。また、イザナミとイザナキの名は、互いに誘い合う「イザナ」が語源とされています。

天《あま》照《てらす》大《おお》御《み》神《かみ》

アマテラス

日本の最高神は 天を照らす太陽神

日本の総氏神として崇拝される最高神。皇祖神として伊勢神宮の内宮にまつられてきた。

兄弟はスサノオとツクヨミ。真面目でしっかり者だが、弟神スサノオのやんちゃな性格が悩みの種。

イザナキが禊で左目を洗った際に誕生。玉の首飾り（御《み》倉《くら》板《た》挙《な》之《の》神《かみ》）はイザナキからのプレゼント。

天石屋戸に引きこもると、空は真っ暗に……。機嫌を損ねないよう、周りはちょっと気を遣う。

性別：女神
神社：伊勢神宮内宮、天岩戸神社、伊雑宮、ほか多数
別名：大日孁貴神《おおひるめのむちのかみ》

日本の八百万の神の頂点・アマテラス

三貴子のうちの1柱。父のイザナキからは玉の首飾りを授かり、高天原（天の国）の統治を託されます。また、高天原でのスサノオの暴挙に嫌気がさし、一時は天石屋戸に隠れたアマテラスでしたが、八百万の神々によって外へ引き出されることに。この出来事が、高天原の統治権をより強めるきっかけとなりました。

アマテラスにまつわるこぼれ話

さまざまな解釈を生むアマテラス像

アマテラスは「天を照らす」という神名の通り太陽神です。天石屋戸に隠れた際に、世界が真っ暗になったことからも太陽そのものを象徴することがうかがえます。

女神が太陽神というのは世界的に珍しく、古代エジプトの太陽神ラー、ギリシャ神話の太陽神ヘリオスなど、太陽神は男神というのが一般的。そのため、アマテラスはもともと男神で、その神をまつる巫女がすり替わって女神になったという説があります。

アマテラスについては、さまざまな解釈で語られてきました。イワレビコに八咫烏《やたのからす》を遣わすのがアマテラスではなく、タカミムスヒだったことから、実際の権力はタカミムスヒにあったのではないかといわれることもあります。

しめ縄はアマテラスの引きこもり対策

神々がアマテラスを天石屋戸から引き出すのに成功した際には、再び隠れてしまわないよう、「尻久米《しりくめ》縄」を天石屋戸の入口に掛け、立ち入り禁止にしました。

「尻久米縄」とは、わらの端を残した縄のことを指します。それが略されて、現在でも神社の入口や新年の飾りとして張られる「しめ縄」の語源となったといわれています。

古事記の神々を読み解く⑥

須佐之男命《すさのおのみこと》

スサノオ

稀代の乱暴者だけど憎めない

イザナキが禊で鼻を洗った際に誕生。「海原《うなばら》を治めなさい」と命じられるも統治する前に追放される。

姉神・アマテラスのいる高天原では大暴れ！母に会いたいと泣きわめくマザコン的な一面も…。

十拳剣《とつかのつるぎ》。アマテラスとの「誓約」では3柱の女神を生み、出雲国ではヤマタノオロチを斬り刻んだ。

知恵を使ってヤマタノオロチを倒したり、和歌を詠んだり……乱暴なだけではなく知的な面もある。

性別：男神
神社：八坂神社、須佐神社、廣峯神社、ほか多数
別名：素戔嗚尊

イザナキも呆れる、三貴子イチの問題児

三貴子のうちの1柱。「スサ」は「荒《すさ》ぶ」という意味で、神名の通りの荒ぶる神でした。葦原中国では泣きわめいてイザナキを怒らせ、高天原では大暴れしてアマテラスを困らせます。父姉の手に負えなかった彼ですが、行き着いた先の出雲国で伴侶を見つけ、大蛇を退治し、ようやく落ち着くこととなりました。

スサノオにまつわるこぼれ話

スサノオの盛者必衰成長物語

はじめは暴れん坊でやりたい放題だったスサノオですが、出雲国に降り立つと、大蛇・ヤマタノオロチを退治して立派な青年へと成長します。そして、後に根之堅洲国へと退いたスサノオのもとに現れたのは、オオアナムヂ（オオクニヌシ）でした。オオアナムヂに武器も娘も奪われたスサノオは、1人取り残されてしまいます。

芥川龍之介の『老いたる素戔嗚尊《すさのお》』では、彼の盛衰が描かれました。作中ではオオアナムヂと娘に対し「おれよりもつと仕合せになれ！」と最後の言葉を言い放ちます。

一時は英雄となったスサノオも、老年になり、次の世を潔く若者に託す。スサノオに関する一連のストーリーは、彼の成長物語とも捉えられます。

日本最古の和歌を詠んだのはスサノオ

スサノオはただの乱暴者ではなく、知的な一面もあります。

クシナダヒメを妻に迎え、ヤマタノオロチを退治後、出雲国に新居の御殿を構える際、日本最古となる和歌を詠みました。

「八雲《やくも》立つ　出雲八重垣《やえがき》　妻籠《ご》みに
八重垣作る　その八重垣を」

（訳）まるで、出雲の国を八重の垣根で守るかのように、いくつもの雲が立ち上っている。妻を籠もらせるため、幾重もの垣根を作るのだ。その立派な八重の垣根を。

御殿が完成すると、まるで2人を祝福するかのように出雲の地から雲が立ち上りました。スサノオはその光景に感銘を受け、この歌を詠ったとされています。

古事記の神々を読み解く⑦

月読命《つくよみのみこと》

ツクヨミ

夜の国を治める三貴子の次男坊

生まれたときのエピソードしか描かれていないため、夜の印象も相まって謎が多く、ミステリアス。

イザナキが黄泉国から帰り、阿波岐原《あわきはら》の川で行った禊で、右目を洗ったときに生まれた月の神。

姉神・アマテラス、弟神・スサノオと比べると地味だが、イザナキからは特別な子だとお墨付き。

性別：男神
神社：月讀宮、月夜見宮、ほか
別名：月弓尊、月夜見尊

影は薄いけれど、夜を統べる月の神

アマテラス、スサノオとともに、三貴子の１柱です。姉神で太陽神のアマテラスとは、太陽と月で対をなす存在。イザナキからは夜《よる》之《の》食国《おすくに》を治めるように命じられました。「月読」とは、農作業や漁業にとって重要な、暦を読むことを意味しています。そのため、農耕の神、漁業の神と呼ばれることもあります。

古事記の
神々を
読み解く⑧

建《たけ》御《みか》雷《づち》之《の》男《おの》神《かみ》

タケミカヅチ

国譲りの立役者
天界の頼れる軍神

イザナキが持っていた十挙剣で火の神・カグツチを斬ったとき、刀身についた血から生まれた。

剣神・武神として知られている。また、神名に「雷」の字がつくことから雷神ともいわれている。

アマテラスに送り込まれた使者たちが葦原中国平定に失敗する中、剛力で交渉を成立させた腕きき。

葦原中国に着くと、波打ち際で剣を逆さに刺しその上に胡座をかいて登場。強靭なお尻の持ち主。

性別：男神
神社：鹿島神宮、春日大社、ほか
別名：建布都神、豊布都神、鹿島神

国譲りは雷神の〝1本〟で決まった!?

「オオクニヌシの国譲り」では、葦原中国を統治するため、高天原にいるアマテラスの司令によってオオクニヌシのもとへ派遣されます。そこで、最後まで国譲りに抵抗したオオクニヌシの御子・タケミナカタを圧倒的な力で投げ飛ばし、国譲りは成功を収めました。この力競べが相撲の由来ともいわれています。

大国主神《おおくにぬしのかみ》

オオクニヌシ

恋に国作りに大忙し 日本の大黒柱

神名がオオアナムヂの頃から、困っているウサギすら助けてしまうほど、心優しく頭もいい。

誰もが憧れるヤガミヒメから求婚されるモテ男ぶり。たくさんいる兄たちに嫉妬で２度も殺される。

アマテラスからの使者も手懐ける人たらし。自分が作った国を穏やかに譲れる懐の大きいところも。

スサノオの試練では運と機転と度胸を発揮。その後はオオクニヌシを名乗り、国作りに粉骨砕身！

性別：男神
神社：出雲大社、大神神社、ほか多数
別名：大穴牟遅神、葦原色《あしはらのし》許《こ》男神《おのかみ》、ほか

国を作った神様はいい意味で色男

優しいうえに高度な医療知識もある色男。それゆえ、２度も命を落としますが、母神によって何度も再生させられます。義父・スサノオも、はじめは試すような態度でしたが、最後には「オオクニヌシ」と命名するほど彼には人を惹きつける魅力がありました。国譲りを行うまで葦原中国のトップとして君臨します。

オオクニヌシにまつわるこぼれ話

妻は総勢6柱いる、子だくさんな父神

オオクニヌシには、スセリビメやヤガミヒメの他にもたくさんの妻がいました。北陸の高志《こしの》国《くに》の沼河比売《ぬなかわひめ》とは、『古事記』で最初の恋歌を交わしています。

そんな恋多きオオクニヌシの正妻・スセリビメはやきもち焼きで、ヤガミヒメが恐れて因幡《いなば》に帰ってしまうほどでした。これにはオオクニヌシも心苦しくなり、彼女から離れようとしますが、「あなたにはたくさん妻がいるでしょうが、私にはあなたしかいません」と和歌を送られたことで踏みとどまり、仲良く出雲で暮らすこととなります。

しかし、オオクニヌシはこれに懲りずに地方で妻を作り続け、御子神が１００柱を超える父神となったのでした。

七福神・大黒様のにっこり笑顔のルーツ

オオクニヌシの「大国」は「だいこく」と読めることから、七福神の１柱である大黒天と一体視されるようになりました。

大黒天はインドの破壊神・マハーカーラが由来ですが、日本では商売繁盛の神とされたほか、オオクニヌシが多くの妻を迎え子宝にめぐまれたことから、縁結びや夫婦和合の神としてもお馴染みとなりました。

古事記の神々を読み解く⑩

櫛《くし》名《な》田《だ》比《ひ》売《め》

クシナダヒメ

スサノオが守った稲の女神

暴れ馬・スサノオと結婚。ヤマタノオロチ退治の際には櫛《くし》に姿を変えて、献身的に彼を支えた。

出雲国の老夫婦の末娘。7柱いた姉たちはヤマタノオロチに次々と食べられ、最後の1柱に……。

「クシ」は「素晴らしい」、「ナダ」は「稲田」を意味し、「豊穣な稲田」を表すとされている。

性別：女神
神社：稲田神社、八坂神社、氷川神社、須佐神社、ほか
別名：奇稲田姫

その名の通り「クシ」になったお姫様

クシナダヒメは、大蛇・ヤマタノオロチに食べられるすんでのところでスサノオと出会い、結婚。スサノオに櫛の姿に変えられ、退治に同行します。神名の「クシ」には「霊妙な」という意味もあり、スサノオが彼女を櫛に変身させたことは、戦いのために呪力を得ようとしたからともいわれています。

古事記の神々を読み解く⑪

天《あめの》宇《う》受《ず》売《め》命《のみこと》

アメノウズメ

踊りで世界を救った日本の芸能の祖神

故郷に帰るサルタビコに付き添い、結婚。それから彼女の子孫は「猿《さる》女《め》氏」と呼ばれるように。

「天孫降臨」ではサルタビコとの交渉役に抜擢。アマテラスから一目置かれるしっかりとした性格。

高天原きってのダンサー。世界に太陽を取り戻すため、衣装がはだけても踊り続け神々を盛り上げた。

サルタビコと結婚後のあるとき、自分の質問を無視したナマコに怒り、小刀で口を裂いてしまう。以来、ナマコの口は裂けたままなのだとか。

性別：女神
神社：賣太神社、鈿女神社、ほか多数
別名：宮比神《みやびのかみ》、大宮能売命《おおみやのめのみこと》

芸能の祖神であり、巫女のルーツ

アメノウズメが踊る場面は、巫女の体に神が降りる様子を表現しているといわれています。体に神が宿っているため、巫女自身は何も覚えておらず、裸になっても踊り続けるのです。このエピソードから、アメノウズメは巫女のルーツといわれ、また古代より朝廷の祭祀に携わってきた「猿女君《さるめのきみ》」の祖ともされています。

古事記の神々を読み解く⑫

天手力男神《あめのたぢからおのかみ》

アメノタヂカラオ

岩も軽々持ち上げる怪力無双の神

「天孫降臨」ではアメノウズメやサルタビコらとともにホノニニギにお供し、地上へと降り立った。

高天原随一の力持ち。天石屋戸の石《いわ》の戸を1柱で投げ落としてしまうほどの怪力の持ち主。

地上に降り立ってからは、投げ飛ばした石の戸が落下した戸《と》隠《がくし》（長野県）に定住するようになった。

性別：男神
神社：手力雄神社、戸隠神社、佐那神社、ほか
別名：天手力雄神

アメノタヂカラオは山を作った!?

アメノタヂカラオは「天石屋戸隠れ」の場面で、石屋から一瞬姿を現したアマテラスを外へ引っ張り出し、再び隠れないよう石の戸を地上へ投げ飛ばしました。落下した場所が、現在の長野県に位置する戸隠山《とがくしやま》だといわれています。戸隠にある戸隠神社《とがくしじんじゃ》の奥社にまつられ、スポーツ必勝の神として信仰を集めています。

古事記の神々を読み解く⑬

天《あめ》邇《に》岐《き》志《し》国《くに》邇《に》岐《き》志《し》天《あま》津《つ》日《ひ》高《こ》日《ひ》子《こ》番《ほ》能《の》邇《に》邇《に》芸《ぎ》命《のみこと》

ホノニニギ

葦原中国に降臨 由緒正しき天孫

神話上最も美しいとされるサクヤビメに一目惚れ。すぐに結婚を申し込む、行動力のある面食い。

最高神アマテラスの長男と高天原の実力者タカミムスヒの娘の子。天孫にふさわしいサラブレッド。

サクヤビメの姉・イワナガヒメも嫁入りにやってくるが、醜い容姿のため突き返すという不躾な一面も。

アマテラスから渡された「三種の神器」を持って高千穂に降臨。その血筋は天皇へとつらなる。

性別：男神
神社：霧島神宮、高千穂神社、新田神社、ほか
別名：火瓊瓊杵

ホノニニギの神名があらわすもの

長い神名にはおめでたい意味が込められています。「天邇岐志国邇岐志」には天地が栄えるということ、「天津日高」は天つ神の美称、「日子」はアマテラスの孫であること、「番能邇邇芸」は稲穂がにぎやかで豊かであることを表しています。アマテラスがホノニニギを天降りに選んだのも納得の、縁起のいい神名です。

古事記の神々を読み解く⑭

木花之佐久夜毘売《このはなのさくやびめ》

サクヤビメ

富士山を主宰する見目麗しい天孫の妻

笠沙岬《かささのみさき》でホノニニギに見初められ、結婚。たった一夜で懐妊したため、名も知らぬ国つ神との子と疑われ、大激怒。

神話上、最も美しいとされるサクヤビメ。彼女とは対照的な、醜い容姿の姉・イワナガヒメがいる。

ホノニニギからの疑いを晴らすため、産屋に火をつけ、燃え盛る炎の中で出産にのぞんだ負けん気の強い性格。

性別：女神
神社：富士山本宮浅間大社、子安神社、木花神社、ほか
別名：木花咲耶姫

美しい女神は火山を鎮火する神へ

火中出産をしたことから、火をコントロールする霊力があるとされました。そのため、日本一の活火山である富士山にまつられることになります。火中で生まれた3柱の火照命《ほでりのみこと》、火《ほ》須《す》勢理命《せりのみこと》、火《ほ》遠《お》理命《りのみこと》は火にちなんだ神名です。炎の中でも無事に出産したことから、安産の神、子育ての神としても信仰を集めています。

古事記の神々を読み解く⑮

火遠理命《ほおりのみこと》

ホオリ

山の幸で暮らす天孫の末弟

好奇心旺盛。兄神の釣り道具と狩りの道具を交換してもらうも、釣り針をなくして兄神を怒らせる。

ホノニニギとサクヤビメの間の末弟。山の幸をとって暮らしており、別名「ヤマサチ」と呼ばれる。

海神の娘・トヨタマビメと結婚。海の宮殿で、釣り針のことも忘れ3年間結婚生活を楽しむ。

兄神のウミサチを服従させ、天孫として国を統治。580年も生きた長命とされており、孫は神武天皇。

性別：男神
神社：鹿児島神宮、若狭彦神社、ほか
別名：彦火火出見尊《ひこほほでみのみこと》、虚空津日高《そらつひこ》

お伽噺《とぎばなし》のモチーフにもなったヤマサチ

兄神の釣り針をなくし途方に暮れていたヤマサチは、塩椎神《しおつちのかみ》のお告げで海神のいる宮殿へ。そこで海神の娘・トヨタマビメに見初められ結婚し、海の世界に居着いてしまいます。地上へ戻る頃には何年も時が過ぎていて……となにやら聞いたことのあるお話。この神話は、お伽噺の浦島太郎の元となったといわれています。

古事記の神々を読み解く⑯

火照命《ほでりのみこと》

ホデリ

海の幸で暮らす 隼人を象徴する神

九州南部で大和朝廷にしばしば反抗していた、隼人《はやと》と呼ばれる人々の祖先とされている。

天孫・ホノニニギとサクヤビメの長男。海での漁が得意で、別名「ウミサチ」とも呼ばれる。

弟神のヤマサチとお互いの道具を交換したら、自分の釣り針をなくされてしまい、兄弟喧嘩に発展！

ヤマサチの呪文と水の霊力を持つ珠《たま》にコテンパンにやられる。情けなくも助けを求め、服従を誓う。

性別：男神
神社：潮嶽神社、三島浅間神社、ほか
別名：火闌降命《ほすそりのみこと》

末弟に負ける運命だった長男・ウミサチ

ウミサチ・ヤマサチ神話は「兄弟葛藤譚《かっとうたん》」といわれる神話のパターン。この場合、たいていは弟が勝ちます。八十神とオオアナムヂの対立でも、最後には末弟のオオアナムヂが兄神を退治しました。また、隼人の祖・ウミサチが天孫であるヤマサチとの争いに敗れ、服従したことは大和政権の支配を描くうえで不可欠でした。

古事記の
神々を
読み解く⑰

神倭伊波礼毘古命《かむやまといわれびこのみこと》

イワレビコ

国家統一の軍神
初代・神武天皇

ヤマサチの子・ウガヤフキアエズとトヨタマビメの妹・玉依毘売《たまよりびめ》の第四子として生まれた。

葦原中国を平穏に治めるため、兄のイツセとともに東征に出かける勇敢で責任感の強い性格！

東征に出ている間、困った局面に遭うといつも誰かが手助けしてくれる愛され英雄キャラ。

天つ神のサポートもあって、畝火《うねび》の白檮原宮《かしはらのみや》で初代・神武天皇として即位した。このとき、52歳だったといわれる。

性別：男神
神社：橿原神宮、宮崎神宮、ほか多数
別名：神日本磐余彦尊、始馭天下之天皇《はつくにしらすすめらみこと》

神武天皇の物語は、天皇たちの功績の結集？

神武天皇は127年も生きたといわれていますが、この時代に100歳を超える長寿が実在していたのでしょうか。神武天皇の息子・第2代綏靖《すいぜい》天皇から第9代開化《かいか》天皇までの詳細な記載がないことから、親子数代にわたって成したことがイワレビコの功績と波乱の物語としてまとめられているという説もあります。

古事記の神々を読み解く⑱

倭建命《やまとたけるのみこと》

ヤマトタケル

荒々しくも悲しい父に翻弄された英雄

幼名はオウス。父に言われた「兄をねぎらえ」を「懲らしめろ」の意味と勘違いして、兄を虐殺してしまう。

荒々しい性格のオウスをそばに置いておけないとの理由で、父から常に遠征を強いられる。

九州で勢力を広げていた熊曾《くまそ》の宴に女装して潜り込み、熊曾《くまそ》建《たける》兄弟を殺害。女装姿はかなり美しかったらしい。

続けざまの遠征に、「父は私など死んでしまえと思われているのだろうか」とメソメソしたことも。

性別：男神
神社：能褒野神社、大鳥大社、ほか多数
別名：日本武尊、倭男具《やまとおぐ》那命《なのみこと》

「ヤマトタケル」と名乗ったきっかけは？

父から九州の熊曾討伐を命じられたオウスは、叔母からもらった着物で女装し、熊曾建兄弟の宴に潜入。兄弟が酔っ払った隙を見て、2人を刺し殺しました。瀕死の弟が「大和にはわれらに勝る勇敢な男がいるのか。これからは倭建《やまとたける》と名乗るのがよい」と言ったことで、オウスはヤマトタケルと名乗るようになりました。

ヤマトタケルにまつわるこぼれ話

「東（あづま）」に隠された悲しい物語

ヤマトタケルの人生は多くの悲劇に見舞われています。東国の走水海《はしりみずのうみ》に着いたとき、海峡の神に荒波を立てられ船で渡ることができなくなってしまいました。

すると、遠征に同行していた后《きさき》の弟橘比売《おとたちばなひめの》命《みこと》が「私が身代わりになって海に入りましょう、御子は任務を果たしてください」と海に沈んでしまいます。荒波は治まり、船は海を進むことができました。ヤマトタケルは后の言葉通り東国へどんどん進み、従わない人々を成敗し、山や川の荒ぶる神を平定しました。

大和に戻る途中、足柄《あしがら》之坂を越えると「吾妻《あづま》はや（わが妻よ）」と、哀れな后を想い嘆きました。このことから、日本の東部は「あづま」と呼ばれるようになったといわれています。

慢心が招いた英雄の死

伊吹山《いぶきやま》（滋賀と岐阜の境にある）の神の征伐の道中、ヤマトタケルは白い猪に出会いました。

そこで「これは山の神の使いが化けているのだろう。帰りに殺せばよい」と豪語します。実は猪は使いではなく、山の神自身でした。山の神は怒り、大粒の雹《ひょう》を降らせます。怪我を負ったヤマトタケルは能煩野《のぼの》の地（三重）でついに生涯を終えたのです。

column

『古事記』と天皇・神道

天皇や神道との関係性は、『古事記』を知るうえで切り離すことができません。『古事記』における天皇の実在性や、神道への受容の歴史に注目してみましょう。

人代《ひとのよ》は神武天皇から

神々が治める「神代《かみのよ》」から人間が治める「人代」に変わる節目は、初代・神武天皇とされています。

初代から第14代までは存在が不確か

実在がほぼ確実だとされているのは第15代・応神《おうじん》天皇。それ以前の天皇の遺物は見つかっていません。

『古事記』の神々は各地の神社へ

記紀神話の編纂後、朝廷は支配を固めた各地の神社に、神話に登場する神々を新たにまつらせました。

「神道」が広まったのは外来信仰の流入後

「神道」という言葉そのものが広まったのは、中世以降のこと。6世紀前半に伝来した仏教の影響によって、あらためて日本土着の固有信仰である神道なるものへと注目が集まりました。

天皇家とともに発展してきた神道。その原典を記紀神話に求めるようになったのは近代になってからのことです。

【第5章】『古事記』ゆかりの地をめぐる

西日本を中心に、『古事記』に登場したとされる土地や『古事記』に登場する神様をまつる神社が数多く存在します。物語を思い出しながらゆかりの地を訪れることで、今までとは違った感覚を味わうことができるでしょう。

古事記
ゆかりの地
をめぐる

ゆかりの地MAP

『古事記』にゆかりのあるスポットや、登場する神々をまつる神社をご紹介。神話の世界に触れる旅へと出発しましょう。

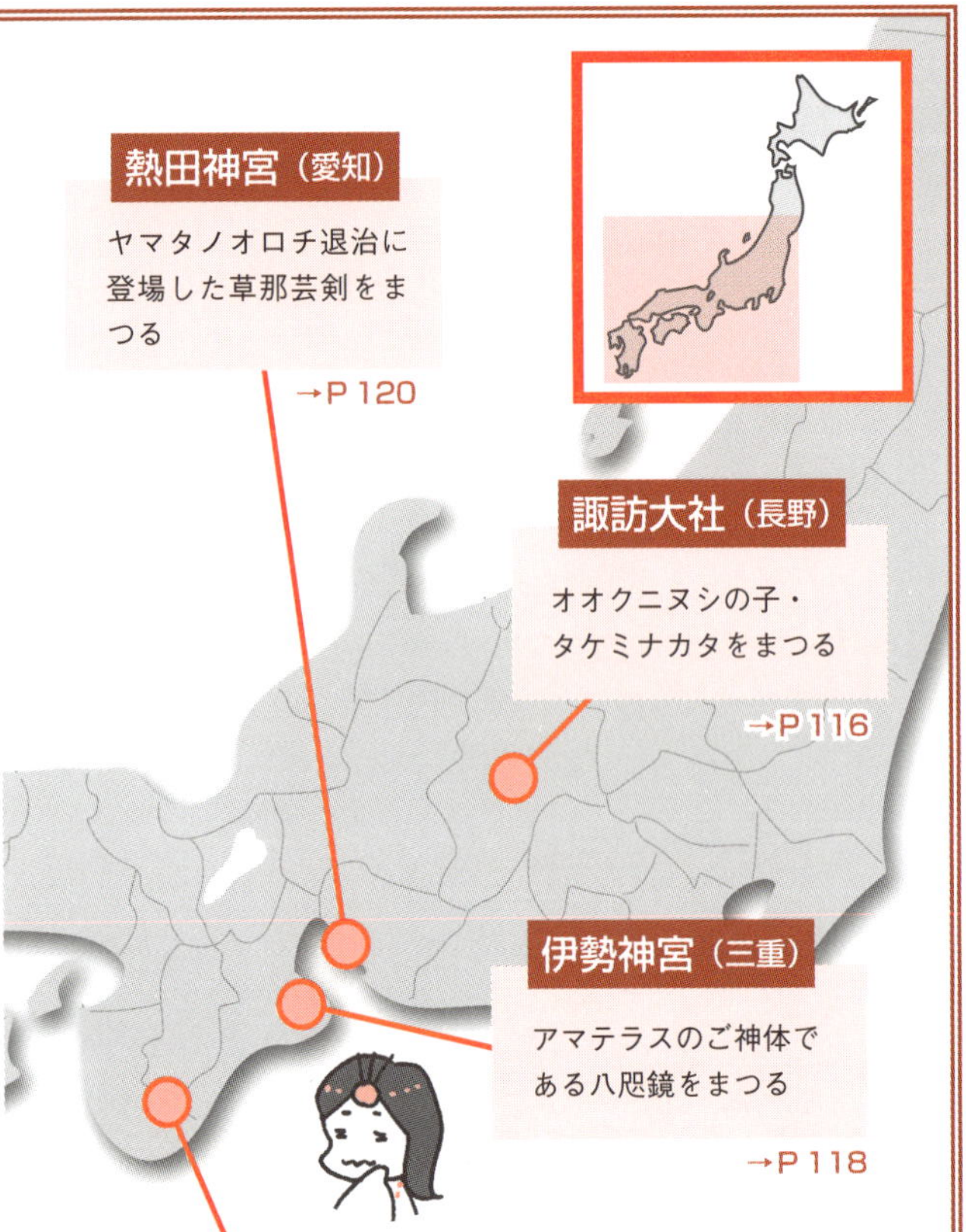

熱田神宮（愛知）

ヤマタノオロチ退治に登場した草那芸剣をまつる

→P 120

諏訪大社（長野）

オオクニヌシの子・タケミナカタをまつる

→P 116

伊勢神宮（三重）

アマテラスのご神体である八咫鏡をまつる

→P 118

熊野三山（和歌山）

- **熊野本宮大社**
全国の熊野神社の総本宮。スサノオをまつる
- **熊野速玉大社**
熊野三山の１つ。イザナキ、イザナミをまつる
- **熊野那智大社**
イワレビコが那智の大滝をまつってできた神社

→P 114

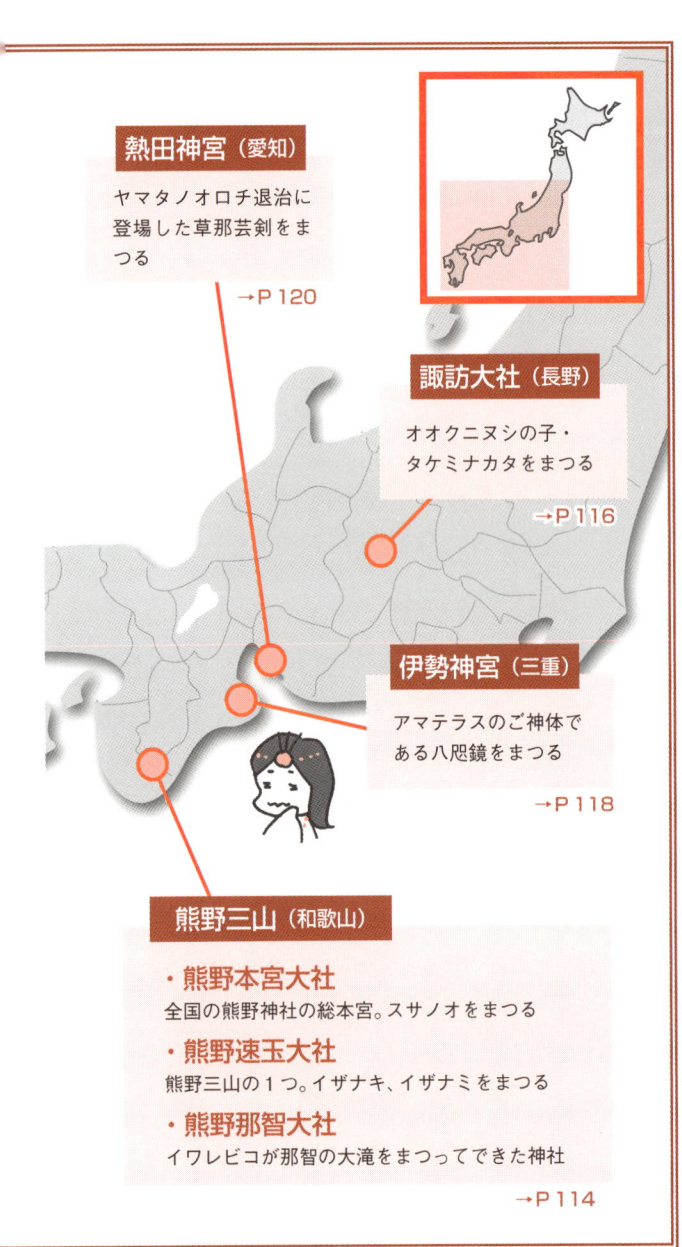

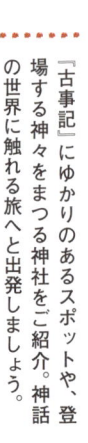

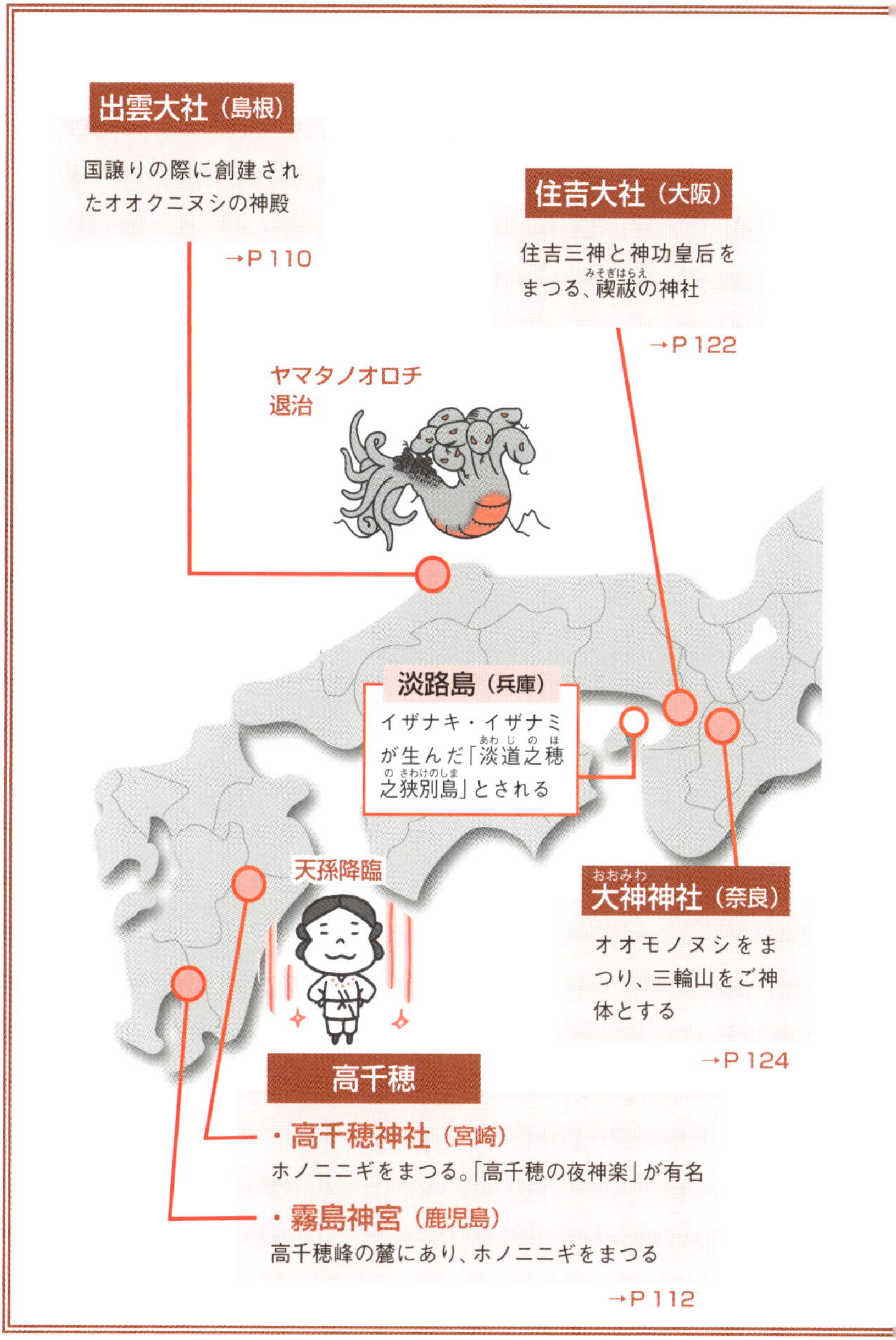
出雲大社（島根）
国譲りの際に創建されたオオクニヌシの神殿
→P 110
住吉大社（大阪）
住吉三神と神功皇后をまつる、禊祓《みそぎはらえ》の神社
→P 122
ヤマタノオロチ退治
淡路島（兵庫）
イザナキ・イザナミが生んだ「淡道之穂《あわじのほ》之狭別島《のさわけのしま》」とされる
天孫降臨
大神《おおみわ》神社（奈良）
オオモノヌシをまつり、三輪山をご神体とする
→P 124
高千穂
・高千穂神社（宮崎）
ホノニニギをまつる。「高千穂の夜神楽」が有名
・霧島神宮（鹿児島）
高千穂峰の麓にあり、ホノニニギをまつる
→P 112

古事記
ゆかりの地
をめぐる①

出雲大社

いづもおおやしろ

創建は神代までさかのぼり、『古事記』にも記されている古社。現在は、縁結びのご利益があるとされ日本中から参拝者が訪れます。

オオクニヌシの社として創建

[創建] 神代とされる　[主祭神] 大国主大神（オオクニヌシ）
[主な神事・祭事] 神在祭（旧暦10月11日～17日）
[特徴] 神楽殿の大きなしめ縄（長さ13.6m、重さ5.2t）

参拝のポイント

神社の参拝は「二礼二拍手一礼」が一般的ですが、出雲大社では「二礼四拍手一礼」が基本。境内には、主神・オオクニヌシの義父・スサノオをまつる「素《そ》鵞《がの》社《やしろ》」や、オオクニヌシが因幡で助けた白兎をモチーフとした像が点在しています。神社西方の海岸には「国譲り」の交渉が行われたとされる「稲《いな》佐《さ》の浜」があり、こちらも見どころ。

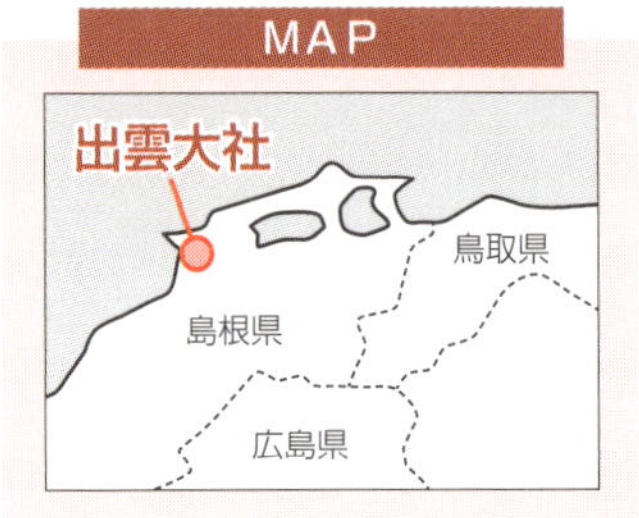

もっと知りたい「出雲大社」

はじまりは「オオクニヌシの国譲り」

国作りを行ったオオクニヌシは、高天原から派遣された天つ神によって国の統治権を奪われてしまいます（→P58）。

その際、服従の条件としたのは、自らが隠棲するための立派な御殿の建造でした。こうして、アマテラスの御子・アメノホヒを責任者として建造されたのが、出雲大社です。出雲大社の主神はオオクニヌシで、ほかに5柱の天つ神が客座にまつられています。

出雲大社は、建てられた当時と現在で大きく異なる点があります。それは、社殿を支える柱の高さ。現在は約24メートルですが、平安時代には約48メートル（奈良の大仏殿に匹敵！）、さらに古代には約96メートルもあったという説があります。

創建時から現在までの変遷

出雲大社では、ほぼ60年に1度の周期で新しい社殿に建て替える、伝統的な遷宮《せんぐう》方式を受け継いでいます。これにより、建築様式や建築技術が継承され、現在も創建時の社殿とほぼ同じ姿を見ることができます。

一般的に「いずもたいしゃ」として知られる出雲大社ですが、この名称となったのは1871（明治4）年のことです。それ以前は「杵築《きづき》大社」「杵築宮」「杵築大神宮」などと呼ばれていました。「杵築」の名前の由来は、神々がオオクニヌシの御殿を造るために、土地を杵で突き固めたからだといわれています。

また、室町時代末期頃より、主神・オオクニヌシは縁結びの神として人々から信仰を集めるようになりました。

古事記ゆかりの地をめぐる②

高千穂

たかちほ

「天孫降臨」でホノニニギが地上に降り立ったとされる伝説の地・高千穂。周囲には神話にまつわるスポットが集まっています。

天孫が地上へと降り立った地

[高千穂町の神社] 高千穂神社、槵触《くしふる》神社、天岩戸神社など
[高千穂峰付近の神社] 霧島神宮、霧島東神社など
[特徴] いずれも創建時期は不詳、山や洞窟がご神体の場所も

参拝のポイント

宮崎県の高千穂神社では、期間限定の神事「高千穂の夜神楽」のほか、毎夜催される「高千穂神楽」で「手力《たぢから》雄《お》の舞」「鈿女《うずめ》の舞」など神話にまつわる舞を鑑賞できます。また、高千穂峰の頂上にはイザナキとイザナミが国生みで使用されたとされる「天《あま》之《の》逆鉾《さかほこ》」が突き立てられており、霧島東神社の社宝としてまつられています。

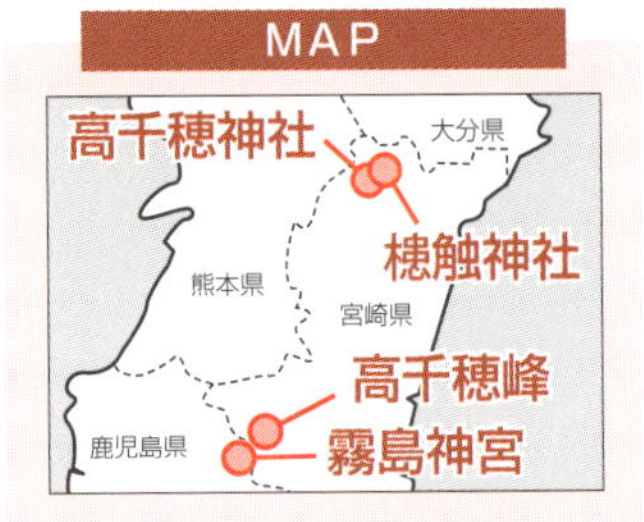

もっと知りたい「高千穂」

諸説ある「天孫降臨」の地

天孫降臨神話において、ホノニニギが高天原から地上へと降臨した場所は「筑紫日向《つくしのひむか》の高千穂の久士布流多気《くじふるたけ》という山」でした。

この降臨地には諸説あり、主な候補地に宮崎県北部の高千穂町や、宮崎県南部にある霧島《きりしま》連山の高千穂峰などがあります。高千穂町には高千穂神社や槵触《くしふる》神社が、高千穂峰の麓には霧島神宮があり、各社ともホノニニギを祭神としています。

神話にまつわる神事として、高千穂神社では毎年11月中旬から翌年2月上旬までの期間、毎夜「高千穂の夜神楽」がとり行われ、天石屋戸隠れや天孫降臨を表す舞が奉納されます。霧島神宮では11月に「天孫降臨御神火祭《ごじんかさい》」、春と秋に「猿田彦命巡行祭《さるたひこのみことじゅんこうさい》」がとり行われます。

天石屋戸、天安河原が高千穂町に!?

高千穂神社や槵触神社など神話ゆかりのスポットが集まる高千穂町には、もう1つの聖地として天岩戸《あまのいわと》神社があります。ご神体としているのは、西本宮の社殿の背後、断崖の中腹にある洞窟です。ここは、天石屋戸隠れ神話でアマテラスが隠れた石屋とされています。

また、西本宮から岩戸川《いわとがわ》に沿って進むと現れるのが、天安河原《あまのやすかわら》と伝えられる場所です。天安河原は、アマテラスが石屋に隠れた際に神々が話し合いを行ったとされる河原（→P36）。祭神はオモイカネと八百萬神《やおよろずのかみ》です。

河原の一角にある洞窟には社があり、参拝に訪れた人々の手によって積まれた無数の石がその周囲を囲っている、なんとも言いがたい神秘的な空間です。

古事記ゆかりの地をめぐる③

熊野三山

くまのさんざん

山深い、神と仏の聖地

[創建] 3～5世紀頃（伝承）　[主祭神] イザナキなど
[主な神事・祭事] 扇祭り（熊野那智大社／7月14日）
[特徴] 世界文化遺産「紀伊山地の霊場と参詣道」に含まれる

「熊野三山」とは、熊野本宮大社、熊野速玉大社、熊野那智大社の総称。3社は「熊野古道中辺路（なかへち）」で相互に結ばれています。

参拝のポイント

熊野本宮大社の境内には神鳥・八《や》咫烏《たのからす》の像がのったユニークな黒色の「八咫烏ポスト」が設置されており、ここから葉書を投函できます。また、烏文字（烏を絵文字化したもの）で書かれた護符「熊野牛王《ごおう》」は熊野三山特有のもので、あらゆる災厄から守ってくれる護符とされています。

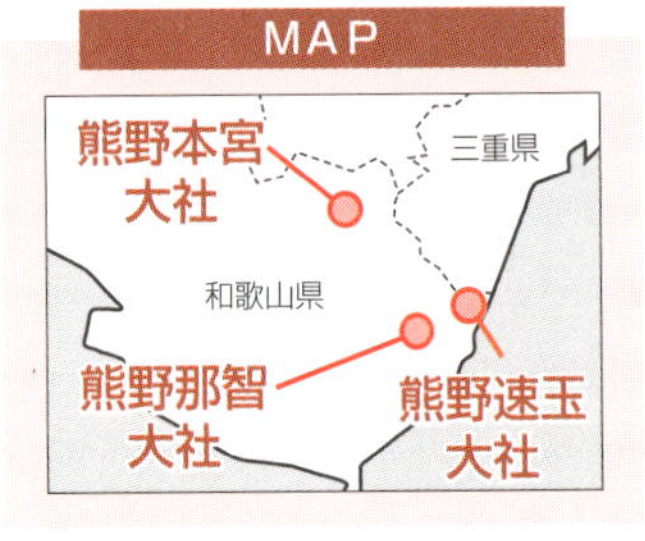

もっと知りたい「熊野三山」

神々がこもる霊場「熊野」と神話の関わり

熊野は紀伊《きい》半島にある山深い霊場です。「熊野」の「クマ」は「カミ」と同じ意味を持つとされ、熊野は「神の野」を表すとも考えられます。そして、記紀神話にも登場する古い土地でもあります。

『古事記』におけるイワレビコの東征神話では、イワレビコ（初代・神武天皇）が熊野の地から大和をめざして進軍する際、導き手として八咫烏が遣わされました。このことから、熊野三山では八咫烏が「導きの神鳥」として信仰対象とされるようになりました。

また、『日本書紀』では、イザナミが死後に葬られた地が、熊野の有馬村《ありまのむら》（花の窟《いわや》）であると記されており、熊野は「黄泉国」「常世国」に近い聖地として崇拝されています。

神仏習合が進み、熊野信仰が盛んに

仏教の伝来後、熊野は山にこもって修行する修験道《しゅげんどう》の聖地としても信仰を集めるようになります。そして、古来の神々と仏をあわせてまつる「神仏習合」が進みました。多くの参拝者が列をなす様子から「蟻《あり》の熊野詣」といわれるほどでした。

熊野三山の中心である熊野本宮大社は全国にある熊野神社の総本宮にあたり、主祭神はスサノオです。神仏習合の時代には阿弥陀如来と習合しました。三山の1つ、熊野速玉大社はイザナキ、イザナミをまつり、主祭神であるイザナキは薬師如来と習合しています。また、神武天皇が那智の大滝をまつったのが由来とされる熊野那智大社ではイザナミを主祭神とし、そのイザナミは千手観音と習合しました。

古事記ゆかりの地をめぐる④

諏訪大社

すわたいしゃ

オオクニヌシの御子で、諏訪地方の土着の神ともいわれているタケミナカタをまつる諏訪大社。国内で最も古い神社の1つです。

全国にある諏訪神社の総本社

上社本宮の拝殿

[創建] 不詳　[主祭神] 建御名方神、八坂刀売神など
[主な神事・祭事] 御柱祭（数えで7年に1度、4～6月）
[特徴] 上社本宮に代表される、「諏訪造り」の建築様式

参拝のポイント

諏訪大社の特徴は、「諏訪造り」と呼ばれる本殿を持たない建築様式です。諏訪大社のご神体は木や山といった自然そのもの。それらを拝殿から拝むという形をとっています。全4社ある諏訪大社ではそのすべてで御朱印をいただくことができ、すべてを巡ると最後の4番目の神社で記念品をもらえます。

MAP

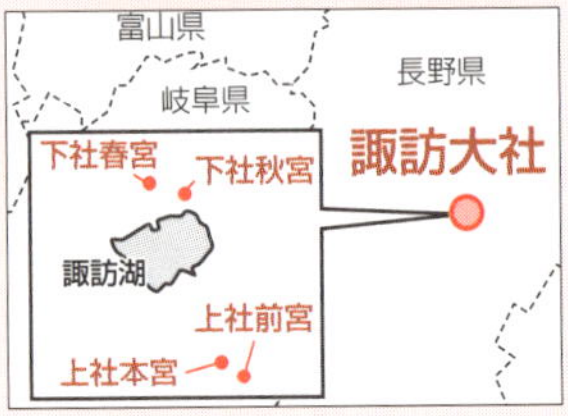

もっと知りたい「諏訪大社」

祭神は、国譲りに登場するタケミナカタ

諏訪大社は、諏訪湖をはさんで南側の「上社《かみしゃ》」（本宮・前宮）と北側の「下社《しもしゃ》」（春宮・秋宮）の計4社で構成されています。諏訪大社の祭神はタケミナカタとその妃神・八坂刀売神《やさかとめのかみ》で、両神とも上社・下社にまつられています。

タケミナカタはオオクニヌシの御子です。『古事記』では、葦原中国の国譲りの際に登場し、高天原の使者・タケミカヅチに力比べを挑みます（→P58）。しかし、タケミナカタはあえなく敗北。タケミカヅチに簡単に投げ飛ばされてしまい、逃げ去りました。

タケミカヅチが後を追いかけたところ、諏訪まで逃れてきたタケミナカタは全面降伏を申し出て、天孫への服従を誓います。そしてこの諏訪の地に鎮座しました。

諏訪地方の土着の神だとする伝承も

タケミナカタについては、諏訪地方に伝わる伝承も存在します。

それによると、タケミナカタはもともと、諏訪地方の土着の神で、農耕と狩猟に関する神だったといいます。名前の「ミナカタ」は諏訪湖の「水潟《みなかた》（湖のこと）」を指すという解釈もあり、諏訪湖の水神であったと考えられます。

諏訪大社は、古くから「諏訪大明神」「信濃国一の宮」として崇拝され、五穀豊穣の神として信仰を集め、また武神としてもあがめられました。そのご利益を授かろうと、平安初期の征夷大将軍・坂上田村麻呂《さかのうえのたむらまろ》が東国の蝦夷《えみし》征伐の際に祈願したほか、平安末期には平清盛の弟・平頼盛《たいらのよりもり》ら武将が祈願し、戦国時代には武田信玄の戦勝祈願や社殿造営も行われました。

古事記ゆかりの地をめぐる⑤

伊勢神宮

いせじんぐう

全国の神社の中心的存在で、「本宗（ほんそう）」とあおがれている伊勢神宮。内宮には、アマテラスのご神体・八咫鏡がまつられています。

日本の最高神のご神体をまつる

[創建] 4～5世紀頃（伝承）　[主祭神] 天照大御神（内宮）
[主な神事・祭事] 神嘗祭（10月15日～17日）
[特徴] 敷地内を流れる五十鈴川《いすずがわ》で禊を行い、境内を進む

参拝のポイント

伊勢神宮は外宮《げくう》と内宮《ないくう》があり、古来のならわしにより、外宮から内宮の順にお参りするのが一般的です。また、周辺にも『古事記』にまつわるスポットが点在。内宮の別宮である倭姫宮《やまとひめのみや》にはヤマトヒメがまつられ、内宮と外宮の中間に位置する猿田彦神社には、天孫降臨の際にホノニニギを導いたサルタビコがまつられています。

MAP

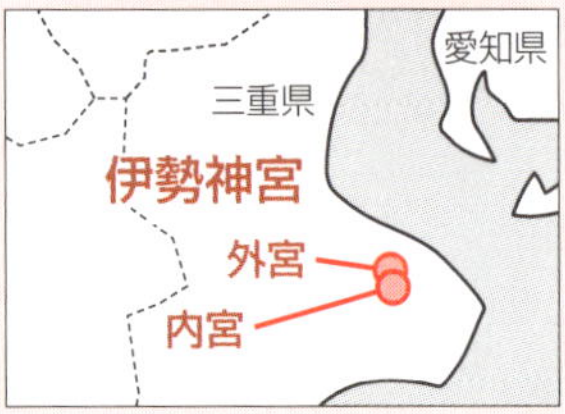

もっと知りたい「伊勢神宮」

江戸時代に「お伊勢参り」が人気に

正式には単に「神宮」と呼び、全国の神社の中心的存在である伊勢神宮。アマテラスをまつる皇大神宮《こうたいじんぐう》（内宮）と豊受大御神《とようけのおおみかみ》をまつる豊受《とようけ》大神宮《だいじんぐう》（外宮）を中心に構成され、14の別宮、43の摂社、24の末社など、合計125社からなります。

神宮へ一般人が参拝することは長らく禁じられていましたが、平安末期から熊野三山をはじめとする社寺参詣が盛んになるにつれ、神宮も一般に開放されました。とくに江戸時代には「お伊勢参り」が爆発的な人気となりました。

神宮では、20年ごとに神殿を建て替え、神宝類もすべて新調する「式年遷宮《しきねんせんぐう》」が行われています。これは第41代・持統《じとう》天皇の御代の690年からはじまる、神宮最大の催事です。

ヤマトヒメによる奉納地探し

内宮の創建は、第11代・垂仁《すいにん》天皇の御代と伝えられています。アマテラスのご神体である八咫鏡（三種の神器の1つ）はもともと皇居内に奉納されていましたが、「おそれ多い」として第10代・崇《す》神《じん》天皇の娘である豊鍬入姫命《とよすきいりびめのみこと》が大和の笠縫邑《かさぬいむら》にまつりました。

それを、次代の垂仁天皇の世になって、娘のヤマトヒメが新たな土地を探してめぐり歩きました。そして、たどり着いた伊勢の地にアマテラスをまつり、伊勢神宮が創建されました。

外宮にまつられている豊受大御神は、内宮の鎮座から約500年後、アマテラスの食事を司る神として迎えられました。イザナミがカグツチを生んだ後、死に際に尿から生まれた和久産《わくむ》巣《す》日神《ひのかみ》の御子で、穀物の神とされています。

古事記
ゆかりの地
をめぐる⑥

熱田神宮《あつたじんぐう》

三種の神器・草那芸剣をまつる

［創建］４～５世紀頃（伝承）［主祭神］熱田大神（アマテラス）
［主な神事・祭事］熱田祭（６月５日）
［特徴］草那芸剣に関わった神々がまつられている

参拝のポイント

熱田神宮の北西にはヤマトタケルの墓とされる「白鳥古墳（白鳥御陵《しらとりのみささぎ》）」と、妃・ミヤズヒメの墓とされる「断夫山《だんぶさん》古墳」があります。ヤマトタケルは尾張でミヤズヒメと結婚した後、東征の帰路で力尽き、白鳥となって飛び去ってしまいます。このことから、「夫を断つ山」、断夫山古墳と名付けられたといいます。

三種の神器の１つである草那芸剣をまつる社として有名な熱田神宮。伊勢神宮につぐ「第二の宗廟（そうびょう）」ともいわれています。

もっと知りたい「熱田神宮」

2度の盗難にあっている草那芸剣

名古屋の市街地に広がる熱田神宮。本宮にまつられている草那芸剣はアマテラスの霊魂の代わりであり、「熱田大神《あつたのおおかみ》」と呼ばれる主祭神はアマテラスのことを指しています。神宮の相殿《あいどの》には、スサノオ、ヤマトタケル、ミヤズヒメ、建《たけ》稲種命《いなだねのみこと》の4柱がまつられています。

草那芸剣を納めることから大いに栄えた熱田神宮ですが、これまでに2度、その神剣が盗難にあっています。

1度目は668年、新羅《しらぎ》僧・道行《どうぎょう》が神剣を盗んで帰国しようとしたところ、暴風雨にあって難波《なんば》に漂着し、捕らえられました。2度目の盗難は1839年。このときも僧によって盗まれてしまいますが、翌年には熱田神宮に戻されました。

ミヤズヒメによって神剣が納められる

草那芸剣は、スサノオがヤマタノオロチを退治したときに手に入れたものです。それが天孫ホノニニギを介して受け継がれ、いつからか伊勢神宮に保管されたと考えられています。

伊勢神宮の斎宮《さいくう》（天皇に代わって伊勢神宮に仕える皇族女性）であるヤマトヒメは、この草那芸剣を東征に出るヤマトタケルに授けました。ヤマトタケルは相模国で炎に囲まれ危機に陥ったとき、この神剣で草をなぎ払って、荒ぶる人々を平定することに成功しました。

その後、草那芸剣は、ヤマトタケルから妃のミヤズヒメに預けられ、ヤマトタケルは亡くなりました。ミヤズヒメは、尾張一族ゆかりの熱田の地に社を定め、この神剣を納めます。これが熱田神宮の起源となりました。

古事記
ゆかりの地
をめぐる⑦

住吉大社

すみよしたいしゃ

黄泉国から生き延びたイザナキが禊をしたときに生まれた住吉三神と、神功皇后をまつる神社。全国に点在する住吉神社の総本宮です。

禊祓《みそぎはらえ》の神社として信仰を集める

[創建] 211年　[主祭神] 底筒男命・中筒男命・表筒男命
[主な神事・祭事] 住吉祭（7月30日～8月1日）
[特徴] 第一から第四本宮の本殿は1810（文化7）年の建造

参拝のポイント

住吉三神と神功皇后《じんぐうこうごう》をまつる4つの本宮は国宝に指定されており、第一・第二・第三本宮が縦直列、第三・第四本宮が横直列という独特な配列で並んでいます。第一本宮南側に位置する「五所御前《ごしょごぜん》」は約1800年前に住吉三神が最初にまつられたとされる場所。石の「五大力お守り」をいただけるパワースポットとして人気があります。

MAP

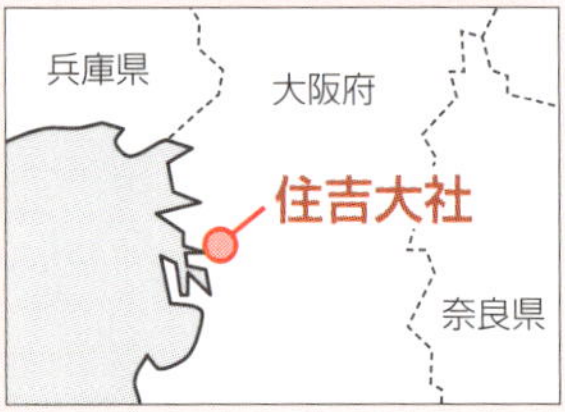

もっと知りたい「住吉大社」

神功皇后の新羅遠征を助けた住吉三神

全国2000あまりにおよぶ住吉神社の総本宮にあたるのが、大阪にある住吉大社です。祭神は、住吉三神と呼ばれる底筒之男命《そこつつのおのみこと》、中筒《なかつつ》之《の》男命《おのみこと》、表筒《うわつつ》之《の》男命《おのみこと》と、息長帯比売命《おきながたらしひめのみこと》（神功皇后）。

『古事記』において住吉三神は、下巻に書かれている、神功皇后の新羅《しらぎ》遠征の際に登場しました。三神から、「西方に金銀をはじめ財宝にあふれた国がある。その国を攻めよ」という神託を受けた神功皇后は、お告げのとおりに準備を整え、新羅遠征に出発します。そして三神がこの遠征を守り、無事に成功させました。

帰路にて大阪湾を前に再び神託を受けた神功皇后は、それにしたがい、摂津国（現大阪府）に三神をまつりました。これが住吉大社のはじまりです。

さまざまな神徳がある住吉大社の祭神

住吉大社は、イザナキの禊によって生まれた住吉三神をまつっていることから、穢れを取り除く「禊祓」を重視する神社として信仰を集めました。夏祭りの「住吉祭」は、「おはらい」とも呼ばれ、多くの人に親しまれています。

また、住吉三神は神功皇后の船の旅を助けたことから、海上の安全を守る神としても崇拝されています。遣隋使や遣唐使を派遣するときには、住吉大社に海上の無事を祈って、近くの住《すみ》吉津《のえのつ》から出発するのが習わしでした。それにともない、住吉三神は航海安全・漁業守護の神様として信仰されています。

一方で、かつて住吉大社の近くには美しい白砂の海岸があり、その様子が盛んに歌に詠まれたことから、和歌の神としても知られています。

古事記ゆかりの地をめぐる⑧

大神神社

おおみわじんじゃ

原初の祭祀の姿を残す古社。標高約４６７メートル、周囲約16キロの三輪山をご神体とし、古くから大和の人々の信仰を集めてきました。

古代信仰の形をいまに伝える

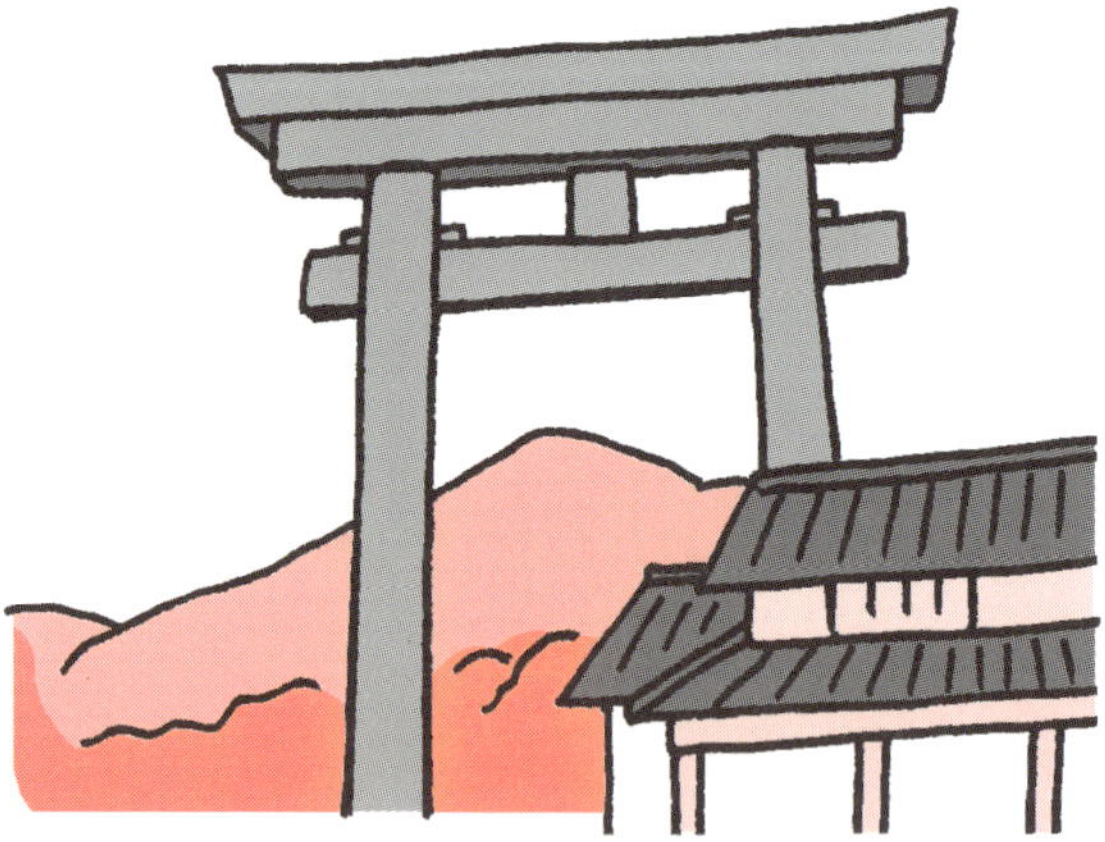

[創建] 不詳　[主祭神] 大物主大神（オオモノヌシ）
[主な神事・祭事] 卯の日祭（毎月卯の日）
[特徴] 鳥居の背後にたたずむご神体・三輪山。本殿はない

参拝のポイント

三輪山《みわやま》そのものがご神体である大神神社には、本殿がありません。三輪山と拝殿を区切る場所に３つの鳥居を１つに組み合わせた「三ツ鳥居」があり、この鳥居ごしに山を拝む形式となっています。また境内には、祭神のオオモノヌシと同じく、国作りを行ったスクナビコナをまつる磐座《いわくら》神社があります。

MAP

もっと知りたい「大神神社」

祭神は国作りの神様・オオモノヌシ

現存する最古の神社の1つといわれているのが大神神社。祭神は、オオモノヌシ、大己貴神《おおなむちのかみ》などですが、これは国作りの神であるオオクニヌシの別名とされています。

オオモノヌシが大和の三輪山に鎮座することになった由来は、第10代・崇神《すじん》天皇の御代にさかのぼります。

飢饉や疫病が広まり、多くの人々が死んでしまったことを嘆いていた崇神天皇。あるとき夢にオオモノヌシが現れ、「わが子孫である意富多《おおた》多泥古命《たねこのみこと》を神官として、われをまつらせるならば、祟りはやむであろう」と告げられます。そこで天皇は、意富多多泥古命を探し出して祭主とし、三輪山にオオモノヌシをまつりました。すると、国に平安が訪れたといいます。

禁足の山・三輪山

大神神社の〝大神〟を「おおみわ」と呼ぶ理由については、国学者・本居宣長《もとおりのりなが》が「かつて大和に都があったころ、大神といえば三輪の神といわれるほどあがめられていたから」という分析をしています。

また、ご神体である三輪山は禁足地とされていて、一般の人が入ることはできません。

その一方で、山中には神の宿る磐座の巨石群があり、山ノ神遺跡と呼ばれ信仰の対象となっています。おびただしい数の勾玉や土製模造品が出土していて、古代にはそこで祭祀が行われ、中世までその儀式は続いていたと考えられています。

このように大神神社は、古代の信仰のいくつかの形式をいまに伝えています。

おわりに

アマテラスは、イザナキの禊《みそぎ》によって生まれたのか――。

『古事記』に登場する神々を調べていて、まず驚いたのがコレ。日本国民の総氏神《うじがみ》として知られる天照大御神《あまてらすおおみかみ》こそ、日本の国土に最初に降り立った神様だと思っていたところ、実は伊邪那岐神《いざなきのかみ》、伊《い》邪那美神《ざなみのかみ》より後に生まれていたとは……。

ほかにも示唆に富んだエピソードの数々に思わず唸《うな》らされました。

なかでも最も印象に残っているのが「天石屋戸隠れ」のエピソード。石屋（洞窟）に閉じこもってしまったアマテラスをおびき出すために、神々が祭りを準備し、高天原が揺れるほどの笑い声を上げると石屋の戸が開く……。ここに日本における祭りや踊り、笑いの意味が込められている気がしました。

こうしたエピソードを知ると魅力的な神々のゆかりの地を訪れてみたくなるはず。第5章を参考にして、ぜひ神々のさらに奥深い世界を探ってみていただきたいと思います。

本書は壮大な『古事記』の世界のほんの一部を紹介したに過ぎません。これを読んで興味を持った方が、原文や他の専門書に手を伸ばすきっかけになれば幸いです。

「イラストでよくわかる　古事記の本」制作班　丸茂アンテナ（ミニマル）

主要参考文献

【書籍】

『古事記』倉野憲司校注（岩波書店）

『くらべてみると面白いほどよくわかる！【図解】古事記と日本書紀』ちはやぶる記紀神話研究会編（学研プラス）

『古事記 03 現代語訳 古事記』稗田阿礼、太安万侶、武田祐吉訳（青空文庫）

『図解 いちばんやさしい古事記の本』沢辺有司（彩図社）

『図解 90分でおさらいできる常識の日本史』宮瀧交二監修（彩図社）

『眠れなくなるほど面白い 図解 古事記』吉田敦彦監修（日本文芸社）

『ぼおるぺん古事記（一）天の巻』こうの史代（平凡社）

『ぼおるぺん古事記（二）地の巻』こうの史代（平凡社）

『ぼおるぺん古事記（三）海の巻』こうの史代（平凡社）

【Webサイト】

熱田神宮公式サイト

出雲大社公式サイト

伊勢神宮公式サイト

一般社団法人 高千穂町観光協会公式サイト

熊野三山協議会公式サイト

熊野本宮大社公式サイト

熊野那智大社 那智御瀧 飛瀧神社 公式サイト

熊野速玉大社公式サイト

國學院大學 古事記学センター公式サイト

住吉大社公式サイト

三輪明神 大神神社公式サイト

霧島神宮公式サイト

天岩戸神社公式サイト

編者略歴
◎ミニマル
「食」「カルチャー」から「マナー」「教育」まで、さまざまなテーマのコンテンツ制作を行っている編集プロダクション。丸茂アンテナ、萩原あとり、原航平、森美和子、瀧澤麻里絵が編集・執筆を担当。

◎ BLOCKBUSTER（ブロックバスター）
デザイナー、イラストレーター、ライター、フォトグラファーなどで構成されたクリエイターチーム。書籍や雑誌記事、ウェブコンテンツの制作を手がけている。後藤亮平がイラストを担当。

イラストでよくわかる 古事記の本

2019年12月24日 第1刷

編　　著　ミニマル＋BLOCKBUSTER

発 行 人　山田有司

発 行 所　株式会社　彩図社
東京都豊島区南大塚3-24-4
MTビル　〒170-0005
TEL：03-5985-8213　FAX：03-5985-8224

印 刷 所　シナノ印刷株式会社

カバーデザイン　小澤尚美（NO DESIGN）

URL https://www.saiz.co.jp　Twitter https://twitter.com/saiz_sha

ISBN978-4-8013-0416-1 C0095